中华传统文化主题故事读本

诚信仁爱

高滨 杜威 主编

孙明 崔一 田社英 侯鹏科 副主编

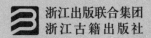

浙江出版联合集团
浙江古籍出版社

图书在版编目(CIP)数据

中华传统文化主题故事读本. 诚信仁爱/高滨,杜威主编.—杭州:浙江古籍出版社,2018.6
ISBN978-7-5540-1247-5

Ⅰ.①中… Ⅱ.①高… ②杜… Ⅲ.①中华文化-青少年读物 Ⅳ.①K203-49

中国版本图书馆CIP数据核字(2018)第088935号

中华传统文化主题故事读本·诚信仁爱

高滨 杜威 主编

孙明 崔一
田社英 侯鹏科 副主编

出版发行 浙江古籍出版社
（杭州市体育场路347号）

网　　址 www.zjguji.com
选题策划 关俊红
责任编辑 伍姬颖
责任校对 余　宏
美术设计 刘　欣
封面绘图 懒懒灰兔
责任印务 楼浩凯
照　　排 杭州兴邦电子印务有限公司
印　　刷 杭州富阳美术印刷有限公司
开　　本 880mm×1230mm　1/32
印　　张 5
字　　数 137千字
版　　次 2018年6月第1版
印　　次 2018年6月第1次印刷
书　　号 978-7-5540-1247-5
定　　价 18.00元

如发现印装质量问题,影响阅读,请与印刷厂联系调换。

总序

习近平总书记在《在纪念孔子诞辰 2565 周年国际学术研讨会暨国际儒学联合会第五届会员大会开幕会上的讲话》中指出："包括儒家思想在内的中国优秀传统文化中蕴藏着解决当代人类面临的难题的重要启示，比如，关于道法自然、天人合一的思想，关于天下为公、大同世界的思想，关于自强不息、厚德载物的思想，关于以民为本、安民富民乐民的思想，关于为政以德、政者正也的思想，关于苟日新日日新又日新、革故鼎新、与时俱进的思想，关于脚踏实地、实事求是的思想，关于经世致用、知行合一、躬行实践的思想，关于集思广益、博施众利、群策群力的思想，关于仁者爱人、以德立人的思想，关于以诚待人、讲信修睦的思想，关于清廉从政、勤勉奉公的思想，关于俭约自守、力戒奢华的思想，关于中和、泰和、求同存异、和而不同、和谐相处的思想，关于安不忘危、存不忘亡、治不忘乱、居安思危的思想，等等。"

为了深入挖掘和阐发中华优秀传统文化的内在价值，让青少年感受其精髓，深化其根基，我们策划了《中华传统文化主题故事读本丛书》。本套丛书共八册，分别是《顺天应时》《爱国励志》《修身齐家》《清廉简约》《诚信仁爱》《勤勉敬业》《勇毅果敢》《革故鼎新》。

希望本套丛书能充分发挥故事的力量，让青少年不但获得中华优秀传统文化的滋养，更能以古代杰出人物为榜样，有所领悟，有所获得，有所借鉴。

目录

　　在上古时代，有一个孝子叫舜，他的母亲很早就去世了，父亲瞽叟总是听信后母的话，叫他做这做那，有时候，还打他、骂他！后母生了一个儿子叫作象。象也非常不喜欢舜，他和母亲经常想办法欺负舜。可是，舜一点也不介意。邻居们见到了舜，都说："舜真是个好孩子！"

　　当时的尧帝，想把帝位传给一个有道德、能为百姓办实事的人，就问大臣们："我想找一位能让百姓信服的人，将帝位传给他，让百姓都能安居乐业，大家有什么建议？"有一位大臣就说："民间有一位以孝行闻名之人，叫做舜，应该可以担此重任。"尧帝一听，马上下令："赶快查明此人，如果事情属实，立刻把他召来。"

　　于是，舜被请到了朝堂之上，他的言谈举止让尧帝感到非常满意。尧帝把自己的两个女儿娥皇、女英嫁给了他，还给了他好多好多粮食。于是，舜就带着两位公主还有粮食回到了家里。两位公主到了舜家里以后，每日洗衣做饭，还一起侍奉公婆。

　　象看到舜娶了两位美丽的公主，就起了谋财害命的念头。一天，象在跟父母商量这件事时，正好被公主听到了，公主把这件事告诉了舜。舜听了之后，笑了笑说："不用担心，我以后小心点就是了。"

果然有一天，父亲叫来舜："舜呀，我年纪大了，好多活都干不了了，家里的米仓破了个洞，你上去修一修吧。"舜爬上了米仓，在上面补呀补。正累得满头大汗的时候，象偷偷拿了火把，把米仓给点燃了，想把舜活活烧死。舜意识到有点不对劲，扭头一看，只见火马上就要烧到身上来了。这时候，舜身边正好有两个大斗笠，他一手一个，像大鸟一样飞了下来，一点也没事。象看到这种情况，鼻子都快气歪了。

这件事之后，象依然不死心，就跟父亲商量，让舜挖井。于是，舜每天挖呀挖，从早上挖到晚上，再从晚上挖到早上。象看着井越来越深，深得已经看不到舜了，脸上露出了一抹邪恶的笑容。只见他马上往井里填土，想用这种办法活埋舜。没想到，舜一弯腰，钻进了一个地道。原

中华传统文化主题故事读本·诚信仁爱

来呀，舜在挖井的时候，也顺便挖了一个地道。舜就是沿着这个地道，回家去了。

舜的行为感动了上天，上天就派了大象和鸟儿来帮助舜。大象耕田，鸟儿除草，大家在一起辛勤劳作，终于迎来了丰收。于是大象拉车，鸟儿歌唱，庆贺丰收，好不热闹。

舜的事迹传开了。尧帝听说后，乐在心头，下旨将帝位禅让给舜。还派他的九个儿子帮助舜，一同治理天下，使百姓安居乐业。最后，舜与尧一样，成了被后世推崇的古昔圣王。

泰伯采药

商朝末年，有个孝悌双全的人，名叫泰伯，他是周太王古公亶父的长子。他的第三个弟弟名叫季历，生有一个儿子姬昌。传说姬昌出生的时候，曾有一只赤色的雀鸟，衔来丹书停放在季历家门口。人们都奔走相告，说这是有圣人要出世的征兆。虽然周太王一直有传位给季历，再由季历传位给姬昌的意思，但因为泰伯是长子，所以周太王左右为难，传位给季历的想法也就不便表露、声张。

聪明的泰伯觉察出父亲的意思后，便立即与二弟仲雍商量。二人假借为父亲治病要到山里去采药为由，逃奔到了南方蛮夷之地。一到南方，他们便披散了头发，在身上刺画了花纹，以这种断发文身的行为向外界声明"我们俩是不可以出世做事的了"。这样，周太王便顺利地让季历继了位。这件事后来被孔子听到了，孔子赞叹道："泰伯二人的行为，已经到了至德的地步呀。"

泰伯带着二弟飘然远去，目的是为了遂父亲意愿，让三弟顺利继位，这真可称为"至德"了。

春秋时期，鲁国曲阜有个年轻人名叫尾生，与圣人孔子是同乡。尾生为人正直，乐于助人，和朋友交往很守信用，受到四乡八邻的普遍赞誉。有一次，他的一位亲戚家里醋用完了，来向尾生借，恰好尾生家也没有醋，但他并没有回绝，只是说："你稍等一下，我里屋还有，这就进去拿来。"尾生悄悄从后门出去，向邻居借了一坛醋，送给了那位亲戚。

后来，尾生迁居梁地。在那里，他认识了一位年轻漂亮的姑娘。两人一见钟情，君子淑女，私订终身。但是姑娘的父母嫌尾生家境贫寒，坚决反对这门亲事。为了追求爱情和幸福，姑娘决定背着父母私奔，随尾生回到曲阜老家去。那天，两人约定在城外的一座木桥边会面，不见不散，双双远走高飞。黄昏时分，尾生提前来到桥上等候。不料，天公不作美，突然之间，乌云密布，狂风怒吼，电闪雷鸣，滂沱大雨倾盆而下。尾生瞬间被淋成了落汤鸡，但他依然在等待心上人的到来。过了好一会儿，雨水哗哗地落下来，河水渐渐涨上来，姑娘仍不见身影。尾生满怀希望，耐心等待。当河水漫到尾生脚下时，他原地站着。当河水漫过他的膝盖，他仍然不动。当河水漫过他的腰眼时，他站立不稳，就紧紧地抱住了桥柱子，仰头望着，等待姑娘的到来。河水漫到了他的脖子，又漫过了他的头顶。他只是死死地抱着柱子，宁死也不松手。

城外桥头，不见不散。尾生想起了与姑娘的旦旦誓言。四顾茫茫，一片水的世界，唯独不见姑娘踪影。但他寸步不离，死死抱着桥柱，被活活淹死了。姑娘要私奔的事儿，被父母知道，于是她被父母禁锢在了家中，不得脱身。夜里趁父母睡着了，她才逃出家门，来到城外桥边。那时洪水已渐渐退去，姑娘看到紧抱桥柱而死的尾生，悲恸欲绝，她抱着尾生的尸体号啕大哭起来。哭罢，便纵身投入滚滚洪流之中，谱写了中国文学史上第一出惊心动魄的爱情悲剧。

　　春秋时期，有个叫俞伯牙的人，精通音律，琴艺高超，是当时著名的琴师。俞伯牙年轻的时候聪颖好学，曾拜高人为师，琴技达到了很高的水平，但他总觉得自己还不能出神入化地表现对各种事物的感受。

　　有一年，伯牙奉晋王之命出使楚国。八月十五那天，他乘船来到了汉阳江口，突遇风浪，便把船停在了一座小山下。晚上，风浪渐渐平息下来，云开月出，景色十分迷人。望着空中的一轮明月，伯牙琴兴大发，拿出随身携带的琴，专心致志地弹了起来。他弹了一曲又一曲，正当他沉醉其中时，猛然看到一个人在岸边一动不动地站着。伯牙正暗自纳闷，只听到那个人大声地对他说："先生，您不要疑心，我是个打柴的，回家晚了，走到这里听到您在弹琴，觉得琴声绝妙，不由得站在这里听了起来。"

　　伯牙借着月光仔细一看，那个人身旁放着一担干柴，果然是个打柴的人。伯牙心想：一介樵夫，怎么会听得懂我的琴呢？于是他就问："你既然懂琴，那就请你说说看，我弹的是一首什么曲子。"伯牙当即请樵夫

上船，兴致勃勃地为他演奏起来。

伯牙弹起赞美高山的曲调，樵夫说道："真好！雄伟而庄重，好像高耸入云的泰山一样！"当他弹奏表现奔腾澎湃的波涛时，樵夫又说："真好！宽广浩荡，好像看见滚滚的流水、无边的大海一般！"伯牙兴奋极了，激动地说："知音！您真是我的知音！"这个樵夫就是钟子期。二人成了非常要好的朋友，结为金兰，并相约明年八月十五再来相会。

和钟子期洒泪而别后的第二年八月十五日，伯牙如约来到了汉阳江口。可是他等啊等啊，怎么也不见钟子期来赴约。于是他便弹起琴来召唤这位知音，可是又过了好久，还是不见人来。第二天，伯牙向附近的一位老人打听钟子期的下落。老人告诉他，钟子期已不幸染病去世了。临终前，他留下遗言，要把坟墓修在江边，到八月十五相会时，好听伯牙的琴声。

听了老人的话，伯牙万分悲痛。他来到钟子期坟前，凄楚地弹起了那首《高山流水》。弹罢，他挑断琴弦，长叹了一声，把心爱的瑶琴往青石上摔去。伯牙悲伤地说："我唯一的知音已不在人世了，这琴还弹给谁听呢？"

　　两位"知音"的友谊感动了后人。人们在他们相遇的地方，筑起了一座古琴台。直至今天，人们还常用"知音"来形容朋友之间的情谊。真是：摔碎瑶琴凤尾寒，子期不在对谁弹？春风满面皆朋友，欲觅知音难上难。

曾参心痛感啮指

曾参，字子舆，春秋时期山东嘉祥人，孔子的得意弟子，世称"曾子"，以孝著称，是继孔子之后著名的教育家和思想家。曾参侍奉父母极尽孝道，每到吃饭的时候，必定会亲自给父母准备好饭食。他的父亲平时喜欢吃羊枣，曾参在父亲死后就不忍心再吃这种枣了。当时人们都称赞他不忘父亲，是个孝子。父亲死后，他对母亲就更加孝顺了。

一天，曾参到山里去砍柴，家里忽然来了一位客人，当时家中除了曾母再没有别人。曾母因年老不能招待客人，她见曾参迟迟不回，客人也没有离去之意，心中十分着急，无计可施，情急之下，狠咬了手指。常言说，十指连心，母子是命。曾参在山中果然心疼难忍，他觉着一定是母亲有什么事情，于是疾步跑回家。

一进家门，只见母亲正坐在椅中，呆望着门外。曾参见到这个情景，马上跪下来问明原因。母亲说："有个客人来过了，家里没有人能招待他，我盼你马上回家来，可是一直也等不到你，我就咬手指来引起你的注意。客人因为等不到你，已经走了。你怎么回来得这么

晚呢？"曾参慌忙向母亲谢罪。

后来，曾参跟随孔子在楚国学习，一天心又疼起来，于是急忙向老师告辞回家。到了家里问母亲有什么事情，母亲说："我特别挂念你，却又不知道你什么时候才能回来，在愁苦焦急之中又咬了手指，谁知你果然回来了。这样，我心里也就得到安慰了。"

孔子知道了他的这种情况以后，对弟子们说："曾参的孝心，在万里之外都能感觉到啊！"

羊左之交

春秋时期，楚元王招贤纳士，天下不知有多少人闻风而来。西羌积石山有一位贤士，名叫左伯桃，自幼父母双亡，勉力读书，养成济世之才，学就安民之业。那时候左伯桃已经将近五十，因诸侯中施行仁政的少，恃强凌弱的多，所以一向没有做官的念头。后来听说楚元王慕仁为义，遍求贤士，于是携着一囊书，辞别乡中邻友，径奔楚国而去，迤逦来到雍地。

时值严冬，雨雪霏霏，狂风阵阵，如刀如刺，左伯桃走了一天，衣裳都湿透了。他勉强忍住寒冷继续前进，看看天色渐渐黑了下来，远远望见远处竹林之中有一间茅屋，窗中透出一点光亮。左伯桃大喜，跑去茅屋叩门求宿，屋里走出一个书生，四五十岁的年纪。左伯桃明白这也是一个读书人，正想行礼，那人说："现在可不是讲礼节的时候，先烘干了衣服再说。"于是生起竹火堆，让左伯桃烘衣，那人则准备酒饭，款待左伯桃，十分殷勤。左伯桃请教书生姓名，那人道："我姓羊，双名角哀，自幼父母双亡，独自在此居住。少时酷爱读书，以致田地荒废。今天有幸遇到有学问的人来，只恨家贫没有什么好东西招待，还请多多包涵。"左伯桃说："阴雨之中，得蒙收留，还有酒食相待，感激之情如何能忘？"当夜两人抵足而眠，共同探讨胸中的学问，大有相见恨晚的意思。天明后外面还是大雨不止，羊角哀于是留左伯桃住在家里，尽其所有加以招待，两人结为异姓兄弟。左伯桃比羊角哀大五岁，因此羊角哀称左伯桃为兄长。

　　一住三天，雨终于停了。两人便一起带了一点干粮往楚国而去。晓行夜宿，自非一日，看着干粮将要用尽，而天上又降下大雪来。左伯桃想，这点干粮，若供给一个人，还能到得了楚国，否则两个人都要饿死。他知道自己学问没有羊角哀渊博，便情愿牺牲自己，成全羊角哀的功名。想罢，他便故意摔倒在地，叫羊角哀去搬块大石来坐着休息。等羊角哀把大石搬来，左伯桃已经脱得精光，裸卧在雪地上，冻得只剩下一口气。羊角哀见此情景，大吃一惊："兄长，你干什么？"左伯桃把自己的想法告诉了羊角哀，并催促他说："贤弟别耽误了，赶紧穿上这衣服，背上干粮走吧。"羊角哀上前抱住左伯桃放声大哭起来，说："我二人同生共死，怎么能分离呢？"左伯桃说："如果都饿死了，谁来埋葬我们呢？"羊角哀说："既然这样，我情愿解下衣服给兄长穿上，兄长可带上干粮走，我死不足道啊。"左伯桃说："贤弟不要耽误了，快走。"羊角哀说："兄长饿死在这儿，我独自去取功名，这种不义之事，我不会做的。"左伯桃说："我从积石山来到贤弟家中，与贤弟一见如故，知道贤弟胸怀大志，所以劝你求取上进。不幸为风雪所阻，这是我命该如此。如果让贤弟死在这里，那就是我的罪过了。"说完，就想跳入前面的山溪寻死。

　　羊角哀一把抱住左伯桃，放声痛哭。他想用衣服裹住左伯桃，再扶到桑树下，左伯桃却把衣服推开了。羊角哀想再上前劝解时，只见左伯桃神色已变，四肢僵硬，口不能言，勉强摆手示意羊角哀快走。羊角哀再次用衣服将左伯桃裹住，可是左伯桃已经奄奄一息。羊角哀心想："再过一会儿，我也冻死了，我死了谁来埋葬兄长？"于是在雪中哭拜道："我去楚国求仕，还望兄冥中相助，稍得微名，必来厚葬。"左伯桃微微点头，转瞬气绝。羊角哀只得取了衣服干粮，一步一回头，边哭边走。

　　羊角哀到了楚国，楚元王召见羊角哀时，羊角哀献上治国策略，元王大喜，拜羊角哀做中大夫，赐黄金百两，绸缎百匹。羊角哀弃官不做，而是回去寻找左伯桃的尸首。寻着之后，羊角哀给左伯桃择了一块吉地安葬，自己便在此地为他守墓。后世则把羊角哀与左伯桃这样的生死之交，称为"羊左之交"。

仲由，字子路，春秋时期鲁国人，孔子的学生。子路早年家中贫穷，自己常常采野菜做饭吃。

家中没有米，为了让父母吃到米，他必须走到百里之外才能买到米，再背着米赶回家里，奉养双亲。百里之外在古代是非常远的路程，一年四季经常如此极其不易。然而，子路却甘之如饴，不觉其苦。

冬天，冰天雪地，天气非常寒冷，子路顶着鹅毛大雪，踏着河面上的冰，一步一滑地往前走，脚被冻僵了，抱着米袋的双手实在冻得不行，才停下来，放在嘴边呵口气，然后继续赶路。

夏天，烈日炎炎，汗流浃背，子路根本不停下来歇息，只为了能早点回家给父母做可口的饭菜。遇到大雨时，子路就把米袋藏在自己的衣服里，宁愿淋湿自己也不让大雨淋到米袋；刮风就更不在话下了。

后来子路的父母双双过世，他南下到了楚国。楚王聘他当官，对他很是礼遇，俸禄亦非常优厚。每天吃的是山珍海味，一出门就有上百辆的马车跟随，过着富足的生活。但他并没有因为物质条件转好而感到欢喜，反

而时常感叹，哀伤父母早早过世。他说："即使我现在想吃野菜，为双亲负米，哪里能够再如愿以偿呢？"孔子知道后，赞扬道："子路侍奉父母，可以说是生时尽力，死后思念啊！"

郯子是我国东周时期郯国的国君。郯国虽是一个小国家，但郯子的孝名远近闻名。

郯子的父母均已年迈，且都患了严重的眼病。郯子非常焦急，为此想方设法，四处求医。

有个懂医术的人告诉他说："治这种眼病最好的办法是食用鹿乳。"可是，鹿乳到哪儿去找呢？即使到深山里去找，鹿见到人，早一溜烟儿逃走了！怎么办呢？郯子冥思苦想，终于想出了一个办法。他找来一张鹿皮披在身上，还在头上安了假角，就这样装成小鹿，学着小鹿走路的样子和小鹿"呦呦"的叫声，混进鹿群中，

取得母鹿的信任。在小鹿吃奶的时候，他就趁机取母鹿的乳汁，带回家给父母亲治病。

有一次，混在鹿群中的郯子忽然发现林中有一支箭对准了自己。他顿时意识到，那是猎人的箭。猎人并不知道他是"一只假鹿"。慌忙中他赶紧站起来，迎着利箭大喊："别射，别射，我是人！我来取鹿奶回去给父母治病。"猎人仔细一看，原来真的是一个披着鹿皮的人。猎人暗自庆幸自己没有射箭。猎人得知郯子取鹿乳的原因，非常感动，就帮他一起挤鹿奶，还护送他出山。

从此，郯子鹿乳奉亲的故事也成了千古佳话，流传至今。

春秋时期，鲁国有一个少年名叫闵损，他幼时丧母，家境贫寒，童年生活十分孤苦。

他的父亲闵公后来再婚，生活总算有了转变。刚开始继母待闵损还好，等到她自己生了儿子以后，情形就逐渐改变了。她只疼爱自己的亲骨肉，对闵损渐渐冷落下来，处处看着都不顺眼。父亲在家时还好些，等父亲出门做生意，母亲不但让他看管弟弟，而且把家中所有的脏活、累活都丢给他做。

曾经饱受苦难的孩子毕竟懂事早，九岁的他不但乐意承担一切脏活、累活且从无怨言，而且对待打骂也能逆来顺受，以德报怨。闵损对人讲话总是彬彬有礼，特别是对弟弟非常疼爱，处处关心谦让弟弟。兄弟俩心心相印，亲密无间。

这年冬天，父亲从远方做完生意归来，全家团圆，欢欢喜喜。闵损给父亲端上一碗热水，但因为身上发冷，哆哆嗦嗦，两个手臂不由自主地抖个不停，碗中的水竟洒了一多半。后母瞪了他一眼，赶紧让小儿子又奉上一碗。父亲看在眼里，心里很不是滋味，直骂闵损不

长进、没出息。

　　饭后，父亲带上儿子们赶着马车去拉货，一路上寒风凛冽，闵损冻得身体缩成一团。父亲看他穿着厚厚的棉衣，不觉火从心头起，斥责道："弟弟穿的比你少，也没有冻成你那样，你真是太没出息啦！"说着便顺手抽了闵损一鞭子。弟弟见状心疼哥哥，扑在哥哥身上，第二鞭子打下去后，闵损的棉衣被打破了，破洞处露出的芦苇花洒了一车。父亲一看愣住了，刹那间他就明白是怎么回事了：原来妻子竟如此狠心待儿子。闵公气得眼泪直流。

　　拉完货回到家后，闵公立即写了一纸休书，让妻子拿着休书快快回到娘家去。妻子吓得跪地磕头如捣蒜，盛怒的闵公只说："你太狠心了，绝不可以原谅。"看着母亲头已磕破，闵损和弟弟慌忙跪了下来。

　　眼看丈夫不肯饶恕自己，妻子感到很绝望。这时闵损开口道："孩儿请求父亲息怒，恳求您就饶了母亲这一回吧。家里是不能没有母亲的，没有母亲的家不像一个家，留下母亲只是我一个人受冷，休了母亲所有孩子都要挨冻。如果父亲不答应，孩儿绝不起来！"说罢与弟弟叩头不止。闵公被儿子一番合乎情理的言语打动了，看了看几乎要昏厥的妻子，心肠软了下来，深深地叹了一口气，说道："罢了，罢了，你们都下去吧。"儿子们赶紧扶起母亲，这时如梦初醒的母亲，激动地抱着闵损失声痛哭起来。她万万没有想到在这个关键时刻，大儿子竟然不计前嫌。自此，后母对闵损又敬又爱，弟弟对兄长更是敬重有加，闵公的家成了一个和睦美满的家庭。

忠贞信义的叔孙豹

春秋时期，为了制止各国之间的战争，晋、楚、鲁及其他一些小诸侯国在虢地举行了弭兵之盟。几年后，这些诸侯国又各派使者到虢地重温盟约。没想到，正在这时，鲁国的执政者季武子派兵进攻莒国，占领了郓地。莒人就向盟会报告。楚使对晋使说："重温旧盟还没有结束，鲁国就破坏盟约，应该把鲁国的使者叔孙豹杀死。"

当时，晋大夫乐王鲋同晋国的执政赵武一起来参加大会。乐王鲋跟叔孙豹说他可以代为向赵武说情，条件是叔孙豹的革带。这个提议遭到了叔孙豹的拒绝。叔孙豹的家臣劝他说："财物是用来防身的，这有什么值得您爱惜的呢？"叔孙豹说："诸侯的盟会，是为了保卫各自的国家。如果用贿赂免于祸害，鲁国必然要受到进攻，还谈得上什么保卫呢？人的住处之所以要有墙壁，本来就是为了用来防备坏人的，如果墙壁有了裂缝，那是谁的过错？本来是为了保卫它，现在反而受到了侵害，那我的罪过将是不可饶恕的。虽然我应该埋怨季武子的行为不谨慎，但鲁国百姓又有什么过错呢？"于是

中华传统文化主题故事读本·诚信仁爱

就召见乐王鲋的使者，扯下了一片做衣裳的帛给他，并说："革带太窄了，你把这个拿去吧。"赵武听到这件事后说："面临祸患而不忘记国家，这是忠；危急中仍忠于职守，这是信；为国家打算而不顾自己的生死，这是贞；谋事以忠、信、贞为原则，这是义。具备这四种品德的人，难道还要杀害他吗？"于是他就向楚使请求，赦免了叔孙豹。

结草衔环

晋国大夫魏武子的爱妾祖姬无子，魏武子生病时嘱咐儿子魏颗说："我如果死了，你一定要把祖姬嫁出去。"后来魏武子病情加重，又对魏颗说："我死之后，一定要让祖姬为我殉葬，使我在九泉之下有伴。"等到魏武子死后，魏颗没有让祖姬陪葬，而是让她改嫁了。魏颗的弟弟责问他为什么不遵从父亲的临终遗愿。魏颗说："人在病重的时候，神志是昏乱不清的，我依据的是父亲神志清醒时的吩咐。"

公元前594年的秋天，秦桓公出兵伐晋，晋军和秦兵在晋地辅氏交战。魏颗与秦将杜回相遇，二人厮杀在一起。正在难分难解之际，魏颗突然看见一位老人用草编的绳子套住杜回，使这位堂堂的秦国大力士站立不稳，摔倒在地，当场为魏颗所俘。魏颗在这次战役中大败秦师。

晋军获胜收兵的当天夜里，魏颗梦见那位白天为他结绳绊倒杜回的老人。老人说："我是祖姬的父亲，感谢你没有让我女儿陪葬，所以我用结草抵抗杜回的方式来报答你！"

东汉初年，杨震的父亲杨宝九岁时，在华阴山北见到一只黄雀为老鹰所伤后，坠落在树下，为蝼蚁所困。杨宝起了怜惜之情，就将黄雀带回了家，放在巾箱中。百日之后，黄雀羽毛丰满，振翅飞走。当天夜里，有一黄衣童子向杨宝拜谢说："我是西王母的使者，您是一位慈悲仁爱的善人，福气匪浅。"并以白环四枚赠给杨宝，说："它可保佑您

的子孙位列三公，为政清廉，处世行事像这玉环一样洁白无瑕。"

后来果如黄衣童子所言，杨宝的儿子杨震、孙子杨秉、曾孙杨赐、玄孙杨彪四代都官至太尉，而且都刚正不阿，为政清廉，他们的美德至今为后人所传诵。

晋文公守信

晋文公，名重耳，春秋五霸之一。晋文公有许多故事可讲，此处先讲一个晋文公守信用的故事。

有一年，晋国发生了严重的饥荒。晋文公问箕郑说："怎样才能救济饥荒？"箕郑回答说："有一句话可以赠送给您，即守信用。"文公问："怎样守信用呢？"箕郑说："在名位、政事、道义上都要守信用：名位上守信用，群臣就会尽职尽责，好的坏的都不会混杂，各种政事都不会懈怠；政事上守信用，就不会错过天时节令，百姓不会三心二意；道义上守信用，亲近的人就会努力工作，疏远的人就会前来归顺。"晋文公接受了箕郑的进言，不仅在救济饥荒时恪守诚信之道，而且将诚信之道运用到了治理国事与用兵打仗之中。

晋文公攻打原国，只携带了可供十天食用的粮食，于是和士大夫黄越约定以十天为期限，攻下原国。可是到第十天的时候，仍迟迟不能攻下原国，晋文公便下令退军，准备收兵回晋国。这时，有士兵从原国回来报告说："再有三天就可以攻下原国了。"这本是攻下原国千载难逢的好机会，胜利在望。晋文公身边的群臣也劝谏说:"原国的粮食已经吃完了,兵力也用尽了,请国君再等待一些时日吧!"文公语重心长地说:"我跟大夫们约定十天的期限,若不回去,是让我失去信用啊!为了得到原国而失去信用,我办不到。"于是下令撤兵。原国的百姓听说这件事后,都说:"有君王像文公这样讲信义的,怎么可以不归附他呢?"于是原国的百姓纷纷归顺了晋国。卫国的人听到这个消息,也说:"有君主像文公这样讲信义,怎么可以不跟随他呢?"于是纷纷向文公投降。孔子听说了,就把这件事记载了下来,并且评价说:"晋文公攻打原国竟获得了卫国,是因为他能守信啊!"

曾子杀猪

　　曾子是孔子的弟子，曾提出"吾日三省吾身"的学习方法。他是孔子的孙子孔伋的老师，孔伋又把孔子学说传授给孟子，因此曾子是孟子的师爷。在儒家文化中，曾子和孔子、孟子、颜子、子思被一起尊称为"儒家五大圣人"。

　　曾子十分孝敬父母。传说，他在瓜田锄草时不小心把瓜秧割断了，父亲曾点怒火中烧，一棍子把曾子打晕在地。曾子醒来后，赶紧向父亲赔罪，随后操琴唱歌，表示自己无恙，以免他人因此埋怨他的父亲。不过，孔子却告诉他："用小棍子打你，你可以忍着，要是用大棍子打你，你得赶紧跑。你父亲暴怒之下拿着大棍子，要是打死你，岂不是让父亲陷入不仁不义的境地，又怎么称得上孝呢？"

　　曾子对父母的孝顺，在今天看来已经不合时宜，但我们可以扬弃糟粕，吸收精华。

　　有一天，曾子的妻子要去附近的集市购买生活用品，没想到儿子哭闹着非要一起去。他妻子就跟儿子说："你乖乖地别闹，等我从集市上回来，就杀猪给你吃。"妻子刚回到家，曾子就拿出杀猪刀去杀猪。他妻子一下就急眼了："你明知道我是哄儿子的，怎么还当真了。"曾子不紧不慢地说："你是成年人，儿子不明白你是在哄他，还以为你回来真要杀猪给他吃。孩子小，不懂事，有样学样，大人怎么做，他们怎么学，现在做母亲的欺骗儿子，不就是在教儿子以后骗人吗？母亲欺骗了儿子，儿子连最亲的母亲都不相信了，还会相信其他人吗？这样一来，就没办法把儿子教育成人了。"听了曾子的一席话，他的妻子也同意杀猪给儿子吃。曾子正因为言必行、行必果的形象，成了后世诚信的典范。

食留一半

　　鲁宣公二年（前607）的时候，赵宣子在首阳山打猎，住在翳桑。一天打猎归来，他看见路旁躺着一个面黄肌瘦的饿汉，就上前询问他的情况。那人说："我已经三天没吃东西了。"宣子立刻叫人把他带到住处，并端出食物给他，可是他吃了一半，却还留下一半。宣子不解地问他为什么。他说："我离家已经三年了，不知道家中老母是否还活着。现在离家很近，而我又没有东西可以送给她，请让我把留下的食物送给她。"宣子听后非常感动，不仅让他把食物吃完，还为他又准备了一篮饭和肉。这个饿汉叫灵辄，他后来做了晋灵公的武士。

　　晋灵公听信谗言，想杀掉已身为上卿的赵宣子。他派出自己的亲信去暗杀赵宣子，这其中便有灵辄。灵辄在搏杀中反过来抵挡晋灵公的手下，使赵宣子得以脱险。赵宣子问他为什么这样做，他回答说："我就是在翳桑的那个饿汉。"赵宣子想再问他的姓名和住在哪里时，他已不告而别了。

　　这个知恩图报的故事后来成为典故，杜甫在《奉赠韦左丞丈二十二韵》一诗中写道："常拟报一饭，况怀辞大臣。"

　　干将、莫邪是楚国著名的铸剑师，同时他们也是一对恩爱的夫妻。一日，楚王得到一块好铁，就请干将、莫邪为其打造一把独一无二的宝剑。干将、莫邪拿到这块材料后，日以继夜，精雕细琢地打造宝剑，经过三年时间终于大功告成。然而楚王非常生气，他认为以干将、莫邪的能力，绝不可能要用三年之久的时间。干将、莫邪也想到此次献剑可能凶多吉少，所以在铸剑时偷偷铸就了一雌一雄两把宝剑，以备不时之需。

　　当时，莫邪已经怀有身孕，干将就嘱咐她说："我为楚王铸剑，三年才成，此去献剑，定遭不测。你若生下男儿，将来定要为我报仇。"莫邪心知此时一别，便是生死两重天。她依依不舍，含着泪送别了丈夫。

　　干将背上宝剑拜见楚王。楚王一见大怒，对他说："此剑是雌雄双剑，如今你仅仅将雌剑献给我，是对我的大不敬。"于是楚王以大不敬之罪处死了干将。

　　一晃十几年过去了，干将、莫邪的儿子赤已经长大成人。有一天，他又一次问自己的母亲，父亲是谁，现在在哪里。莫邪看着赤，想着大仇终可得报，于是含着泪，一五一十地将整件事情告诉了赤。赤遵循父亲的遗言找到了埋藏多年的雄剑，日夜勤加练习，想着有朝一日一定为自己的父亲报仇。

有一天，楚王做了一个怪梦，梦见一个少年要杀他报仇。他醒来后越想越怕，于是找画师画出梦中的少年，并悬赏千金捉拿此人。画像中的少年，正是想要为父报仇的赤。

赤被通缉，只能逃到山中，就在他走投无路号啕大哭的时候，遇到了一个剑客。那人走近赤，问他："你这么年轻，为什么哭得这么伤心？"赤说："我是干将、莫邪的儿子，楚王无道，杀害我的父亲，我要为他报仇雪恨。"剑客说："楚王正悬赏千金要你性命，你自身都难保，凭什么为父报仇？不如这样，你把项上人头和宝剑都给我，我替你报仇！"

赤听见剑客如此说，又见剑客仪表堂堂，像是一个正人君子，就对剑客说："这样甚好。"说着就自刎了，奉上头及剑，尸身竟僵立不倒。剑客见赤如此信任自己，便对着赤的尸体说："我必定不会辜负你。"剑客此言一出，赤的尸身才倒地。

剑客手拿少年赤的人头去见楚王，对楚王说："这是勇士之头，你应该用汤锅去煮。"楚王果真找来汤锅，然而煮了三天三夜，根本不烂，捞出此头，仍怒目对着楚王。

楚王见了心有余悸，于是去问剑客。剑客说："这个头之所以不烂，是煮的时候大王没有亲自监看，如若您去，头必然会烂。"楚王信以为真，便亲自走到汤锅前。剑客早已做好准备，趁楚王看向汤锅的时候，抽出雄剑，一剑下去，只见楚王的头滚入汤中，剑客也从容地砍下了自己的头。三颗头在汤锅中不断起伏，面目全非，早已分不出谁是谁，最后只能一起埋葬。于是，就留下了三王墓的传说。据说三王墓就在今天的河南省汝南县。

季札挂剑践诺言

春秋时期，吴国国君寿梦膝下有四个儿子，数小儿子季札最为聪明。吴王很喜欢他，希望将来把王位传给他，但季札坚决不肯接受。他对吴王说："父王，与其把王位传给我，您不如让我作为吴国的使者出访邻国，这样对吴国更好。"吴王听到儿子这样为大局着想，赞许地拍拍他的肩膀说："这样吧，我现在就赐你一把宝剑，让你代表吴国出访。"

季札遵从父王的命令，出使各诸侯国。他来到徐国，受到徐国国君的热情款待。季札和徐国国君相谈甚欢，很快两人就成了好朋友。

一天，徐王正与季札促膝而谈，说话间，季札忽然发现徐王有点分神，他的视线总是时不时地落在自己佩戴的宝剑上，眼神中透出几许欣赏、几许爱慕。季札看在眼里，记在心中。几天后，季札就要离开徐国，徐王为他设宴送行。宴席上不但有美酒佳肴，还有优美动听的音乐。酒正喝得尽兴的时候，季札起身，抽出佩剑，一边唱歌一边舞剑，以助酒兴，也表示对徐王盛情款待的感谢。

季札的这把剑可不是一般的剑。这剑的剑锋犀利，寒光闪闪，令人不寒而栗。徐王禁不住连声称好。季札早就看出徐王喜欢这把宝剑，本打算把它送给徐王留作纪念，但是这把剑是他作为吴国使节的信物，他去各诸侯国必须随身携带，才能被接待。现在自己的任务还没完成，怎么能把它送给别人呢？

徐王自然明白季札的难处，尽管他十分喜欢这把宝剑，也没有强人所难。季札又何尝不知徐王是个正人君子。这样一来，他就更欣赏徐王这个朋友了。临分手的时候，徐王又送给季札很多礼物，季札被徐王的热情和体谅深深打动，于是暗暗许诺："等我出使各国归来，一定要把这把宝剑送给徐王。"

几个月后，季札完成使命，踏上了回国的旅程。刚到徐国，他就不顾旅途劳累，直接去拜见徐王。然而，出乎意料的是，徐王已于不久前去世。季札痛苦万分，他怀着悲痛的心情来到徐王墓前，跪在地上，深情地说："徐王，自从上次分别后，我一直盼着早些与您重逢。我知道您很喜欢这把宝剑，每天我都精心擦拭一遍，想着再见面的时候，亲手把它送给您。现在我的任务已经完成，不想您却先走了。我来晚了……"说完就大哭了起来。哭了一会儿，季札就把宝剑从腰间摘下来，郑重地把剑挂在徐王墓前的松树上。

　　季札的随从们见到这番情景，都说："既然徐王已经不在人世了，您把宝剑挂在他墓前他也不会知道，您这样做还有什么用处呢？再说，您当初也没说要把这把宝剑送给徐王啊。"季札说："我内心早已答应把宝剑送给徐君，难道能因为徐君死了就可以违背我的心愿吗？"

魏文侯守约

魏文侯曾经和一个管理上林的小官吏约定某天去打猎。天有不测风云，到了约定的日期，魏文侯正和文武百官一起宴饮聚会，更不凑巧的是，外面雨哗哗地下着。显然，这不是个适合打猎的日子。

不过，魏文侯认为，自己已经和他人约定好日期，对方也一定在等着自己，不去赴约不好。魏文侯便起身对席间的众臣说："对不起，我要告辞了。赶快准备车马，我要到郊外去打猎，那里已有人在等着我了。"众臣一见国君要冒雨出门，都前去劝阻。这个说："下这么大的雨，怎么能出门呢？"那个说："去了也无法打猎嘛！"魏文侯看看天色说："打猎是不成了，可是得告诉一下那位管理山林的人哪！"众臣中有一个人自告奋勇地说："那好，我马上去告诉。"魏文侯把手一摆，说："慢，要告诉得我自己去。是我亲自跟人家约定的，如今失约，我要亲自跟人家道歉才行。"说完大步跨出门外，顶着大雨赶到了管理山林人的住处。

魏文侯践约守信，礼贤下士，最终使魏国实力发展壮大，成为被周天子承认的诸侯之国。

吴起是战国时期著名的政治改革家，卓越的军事家，兵家代表人物，通晓兵家、法家、儒家诸家思想。他一生历仕鲁、魏、楚三国，在内政、军事上都有极高的成就。仕鲁时曾击退齐国入侵；仕魏时屡次破秦，尽得秦国河西之地，助魏文侯成就霸业；仕楚时主持改革，史称"吴起变法"。后世把他和孙武并称为"孙吴"。

吴起担任西河郡守期间，秦国有个岗亭靠近魏国境内。这个岗亭对魏国的种田人造成了很大危害，但是又不值得征调部队去攻打。于是，吴起就在北门外放了一根车辕，下令说："谁能把车辕搬到南门外，就赏赐他上等田地、上等住宅。"起初没有人相信，最终有个人试着把车辕搬到南门，吴起立即按照命令行赏。不久吴起又在东门外放了一石红豆，下令说："谁能把红豆搬到西门，赏赐如前。"百姓们都争着去搬。最后吴起下令道："明天要攻打岗亭，能冲锋陷阵的，就任命他做大夫，赏赐上等田地和住宅。"百姓们争先恐后参战，只一个早上就把岗亭攻占了。

吴起不仅坚守承诺，还爱兵如子。吴起做了将军

后，坚持和士卒同吃同睡，跟最下等的士兵穿一样的衣服，吃一样的伙食，睡觉不铺垫褥，行军不乘车骑马，还亲自背负粮食，颇有身先士卒的风范。所以吴起的军队战斗力超强，几乎未尝败绩。在攻打中山国时，士兵当中有一个人患了毒疮，吴起跪着亲自为他吸掉脓液。这个士兵的母亲听说了这件事情之后，痛哭起来。有人感到奇怪，走过去问她："大娘，将军如此对待您的儿子，您还有什么可哭的呢？"

这位母亲抬起泪眼，回答道："吴起曾亲自清理我丈夫的伤口，我丈夫奋战而死；现在我儿子患了毒疮，吴起又亲自为他吸掉脓疮，不久他也会奋战而死，我现在是为这个哭泣啊。"

在战国七雄中，秦国在政治、经济、文化各方面都比较落后。邻近的魏国都比秦国强，还从秦国手中夺去了河西一大片地方。

公元前 361 年，秦国的新君秦孝公即位。他下决心发愤图强，治理好秦国。秦孝公首先做的就是网罗人才。他下了一道命令，说："不论是秦国人或者外来的客人，谁要是能让秦国富强起来的，就封他做官。"

秦孝公这样一号召，果然吸引了不少有才干的人。有一个卫国的贵族公孙鞅，在卫国得不到重用，便跑到秦国，托人引见，最终得到了秦孝公的接见。

公孙鞅对秦孝公说："一个国家要富强，必须注意农业，奖励将士；要打算把国家治好，必须有赏有罚。有赏有罚，朝廷有了威信，一切改革也就容易进行了。"

秦孝公完全同意公孙鞅的主张，可是秦国的一些贵族和大臣却竭力反对。秦孝公一看反对的人这么多，自己刚刚即位，怕闹出乱子来，就把改革的事暂时搁置了下来。

过了两年，秦孝公的君位坐稳了，就提拔公孙鞅为左庶长，说："从今天起，改革制度的事全由左庶长拿主意。"

公孙鞅起草了改革的法令，但是怕老百姓不信任他，不按照新法令去做。就先叫人在都城的南门竖起一根三丈高的木头，下命令说："谁能把这根木头扛到北门去，就赏给谁十两金子。"

不一会儿，南门口围了一大群人，大家议论纷纷。有的说："这根木头谁都拿得动，哪儿用得着十两赏金？"有的说："这大概是左庶长成心开玩笑吧。"大伙儿你瞧我，我瞧你，就是没有一个人敢上去扛木头。公孙鞅知道老百姓还不相信他下的命令，就把赏金提到了五十两。

正在大伙儿议论纷纷的时候，人群中有一个人跑出来，说："我来试试。"说着，他真的把木头扛起来就走，一直搬到北门。公孙鞅知道后立刻派人赏给那个人五十两金子，一分不少。这件事立即传了开去，轰动了秦国。老百姓纷纷说："左庶长的命令不含糊。"

公孙鞅知道，他的计策已经起了作用，就把起草的新法令公布了出去。新法令赏罚分明，规定官职的大小和爵位的高低以打仗立功为标准。贵族没有军功的就没有爵位；多生产粮食和布帛的，免除官差；凡是因为做买卖和懒惰而贫穷的，连同妻子儿女都罚做官府的奴婢。

公孙鞅即商鞅，这次变法史称"商鞅变法"。自此以后，秦国的国力日益雄厚。不久，秦国进攻魏国西部，从河西打到河东，把魏国的都城安邑也攻打了下来。

楚汉相争时，项羽手下有一员大将名叫季布。他为项羽出生入死，冲锋陷阵，立下了大功。刘邦对他深恶痛绝，统一中国做了皇帝后，下令以千两黄金捉拿季布。

季布平时言而有信，答应别人的事情，一定竭尽全力去做，从不使人失望。这种美好的品质为他赢得了许多朋友，民间流传着一句话："得黄金百斤，不如得季布的一个诺言。"当时敬慕季布的人，都在暗中帮助他。经过乔装打扮，季布到山东一家姓朱的人家当佣工。朱家明知他是季布，仍收留了他。后来，朱家又到洛阳去找刘邦的老朋友汝阴侯夏侯婴说情。

夏侯婴对刘邦说："以前季布为项羽打仗，这是他作为项羽部下应尽的责任。现在陛下为了从前的仇恨捉拿季布，器量未免显得太小了。假使季布心生畏惧而投奔他国，这不是给陛下添麻烦吗？倒不如现在就把他召进宫来，委以官职。"刘邦觉得有道理，便派人撤去告示，将季布召进宫来，任命为郎中。

季布感念刘邦的恩德，为汉朝做了许多事情。到了汉文帝时，季布已经是朝廷里举足轻重的大臣了，但他广交朋友、豪爽正直的性格依然未变。

　　楚地有一个叫曹丘生的人，擅长辞令，能言善辩，多次借重权势获得钱财。他曾经侍奉过赵同等贵人，与窦长君也有交情。季布听说后便寄了一封信劝窦长君说："我听说曹丘先生不是个德高望重的人，您还是少与他来往吧。"等到曹丘生回乡，想要窦长君写封信介绍他去见季布，窦长君才说："季将军不喜欢您，您还是不要去吧。"在曹丘生的坚持下，窦长君才写了介绍信。曹丘生先派人把窦长君的介绍信送给季布，季布接到信果然大怒，他怒气冲冲地等待着曹丘生的到来。曹丘生到了，先对季布作了个揖，然后说："我听楚国人说过：'得黄金百斤，不如得季布一个诺言。'您有这样的好名声，还不是靠您的家乡人——楚人替您传扬。我也是楚人，为什么您要鄙视我呢？"

　　季布听了这番话，心里的怒气消了一大半。他把曹丘生留在家里住了几天，奉为上宾，并诚恳地指出曹丘生的错误。曹丘生不仅虚心地接受了劝告，还到处为季布传扬，季布的名声越来越大了。

　　刘邦刚刚平定天下的时候，一日上朝，发现大臣们在一起议论纷纷，刘邦不知何故，便问张良。张良说他们正在商量造反，刘邦大惊，便问该如何化解。张良建议，不如加封陛下平时最厌恶的人。刘邦当时就说出了雍齿的名字，并加封他为什邡侯。众人一见，立刻不闹了，纷纷说连雍齿这样的人都封了侯，难道还能少了我们的吗？

　　不久，有人带来了一位项羽的大将。此人名叫丁固，人称丁公，是项羽手下名将季布的舅父。丁公作战勇敢，在彭城之战中，打得刘邦大败而逃。丁公奉命率兵追击刘邦，眼看就要把刘邦擒住了。当时刘邦披头散发，模样极其狼狈，但为了保命，也顾不得其他了，便回头对丁公说："好汉大名我怎么会不知道呢？眼下情势想必好汉你是十分清楚的啊。"丁公沉吟片刻，便带兵回去了。刘邦因此脱围而去。如今丁公以救命恩人自居，跑来拜见刘邦。刘邦得知是丁固来找他，当即把他抓了起来，并带到军营中示众。刘邦对将士们说："丁公做项王的臣下不能尽忠，因此使项王失去天下的，就是他！"话说完，就命人将丁公枭首示众了。刘邦此举，意在警告功臣集团，不要功高盖主。

通过厚赏雍齿与重责丁固，刘邦树立了一代开国之君赏罚有信的形象，为汉朝数百年基业打下了良好的基础。

汉代的淮阴侯韩信，是一代军事天才，自许领兵多多益善，被萧何誉为"国士无双"。在他还是一介平民的时候，因为过于贫穷，行迹浪荡，连一个小吏的职位都无法谋到。韩信一不会种地，二不会经商，自己没法养活自己，只能腆着脸皮到别人家蹭饭，十分招人烦。

最开始，韩信总是到南昌亭长家里蹭饭，一到吃饭的时间，韩信总是正点到达。就这么过了几个月，亭长的妻子实在受不了了，她想把韩信赶出去，可又不好意思明说。于是她就想了个办法，那就是提前做饭、提前吃饭，甚至躲在被窝里把饭吃掉。开饭的时候，韩信到了，却不见饭食。韩信当然明白他们的意思，一怒之下，离开了亭长家，再也不去亭长家蹭饭了。

人总得吃饭，于是韩信就在城墙边钓鱼，可总是填不饱肚子。在河边洗衣服的漂母们于心不忍，其中一位老大娘主动把自己的饭拿给韩信吃。漂母一连洗了几十天，天天给韩信饭吃。一天，韩信感动地对这位漂母说："等我以后发达了一定报答您老人家。"没想到，漂母不喜反怒，她十分生气地说："我并不希望你报答我。

我是看你年纪轻轻，看上去又像是贵族后代。你本应该是能养活自己的大丈夫，而不是让人可怜的颓废公子。"

漂母一席话对韩信的刺激可不小，在经历过胯下之辱，参加项梁、项羽的起义军郁郁不得志，转投刘邦不被重视，萧何夜下追亡等一系列事情后，最终被封为大将军，为刘邦打下江山立下赫赫功劳。

西汉建立后，韩信被封为楚王，他没有忘记漂母对他的恩情，特地找来当年的老大娘，酬谢了一千金。至于南昌亭长，只赏给他一百钱，并对亭长说："你是个小人，做好事有始无终。"

缇萦救父

汉文帝十三年（前167），临淄地方有个小姑娘名叫淳于缇萦。她的父亲淳于意本来是个读书人，因为喜欢医学，遂经常给人治病，名声在外。淳于意后来做了太仓令，但他不愿意跟做官的来往，也不会奉承上司，没做多久便辞官当起了专职医生。

有一次，有个大商人的妻子生了病，请淳于意医治。病人吃了药，病情没见好转，过了几天反而死了。大商人仗势向官府告了淳于意一状，说他借医欺人，轻视生命。地方官判处淳于意肉刑。当时的肉刑有脸上刺字、割去鼻子、砍去左足或右足等几种。按西汉初年的律令，凡做过官的人受肉刑必须押送到京城长安去执行。因此，淳于意将被押送到长安受刑。

淳于意没有儿子，只有五个女儿，临行时都去送父亲，相向而泣。淳于意看着五个女儿，长叹道："生女不如不生男哪，遇到急难，没有一个有用的。"听完父亲的哀叹，几个女儿都低着头伤心哭泣，只有最小的女儿缇萦又是悲伤，又是气愤。她想：为什么生女儿没有用呢？她提出要随父进京，一路照顾父亲的生活起居。

临淄与长安相距两千余里，一路上父女俩风餐露宿，尝尽人间辛苦。好不容易到了长安，淳于意被押入狱中。为了营救父亲，缇萦斗胆上书汉文帝为父求情，请求做奴婢替父赎罪。书中写道："我是太仓令淳于意的女儿。我父亲做官的时候，齐地的人都说他是个清官。这回他犯了罪，被判处肉刑。我不但为父亲难过，也为所有受肉刑的人伤心。一个人砍去脚就成了残废；割去了鼻子，不能再安回去，以后就是想改过自新，也没有办法了。我情愿给官府为奴为婢，替父亲赎罪，只求让他有个改过自新的机会。"

汉文帝看了信，十分欣赏缇萦的孝心与勇气，又觉得她说的有道理，就召集大臣们，对他们说："犯了罪该受罚，这是没有话说的。可是即便受了罚，也该让他们有重新做人的机会才是。现在惩办一个犯人，在他脸上刺字或者毁坏他的肢体，这样的刑罚怎么能劝人为善呢？趁此机会，你们商量一个代替肉刑的办法吧！"大臣们反复商议后，终于拟定了新的办法，把肉刑改为打板子。原来判砍去脚的，改为打五百大板；原来判割鼻子的改为打三百大板。汉文帝于是正式下令废除肉刑。这样，缇萦不仅营救了自己的父亲，还让很多人免受肉刑之苦，成就了一段千古佳话。

蔡顺是我国古代著名的孝子，他少年丧父，非常孝顺母亲。西汉末年，因王莽之乱，天灾人祸，各地闹起了饥荒，蔡顺与母亲只能依靠桑葚过活。

不久，赤眉军打到汝南地区，为了躲避战祸，当地百姓都外出逃难。蔡母年事已高，经不起逃荒之苦，蔡顺便与母亲留在了乡间。这一天，蔡顺又拿起篓子要出去采摘桑葚。母亲心痛地说："外面兵荒马乱的，不要走得太远，别让娘牵挂。"蔡顺恭恭敬敬地对母亲说："您就放心吧！"

蔡顺背上背着一个篓子，手里拿着一个篓子，来到桑林之中。林子里的桑葚都被采光了，走了好长时间也没看到一棵有桑葚的桑树。就在他焦急的时候，忽然看到远处有一片桑林。他急忙跑过去，只见地上落了不少桑葚。蔡顺如获至宝，他把红色的桑葚放在一个篓子里，把黑色的桑葚放在另一个篓子里。蔡顺看看天色，已经很晚了，母亲恐怕早就饿了，想到这儿，便准备回家。刚走出桑林，忽然一队人马来到跟前。一个士兵见了他，厉声问道："干什么的？"蔡顺见这些人眉毛上都涂成红色，知道遇见了起义军，就回道："我叫蔡顺，就住在山脚下。因为战乱，家中没有粮食充饥，只好采些桑葚吃。"那个士兵见蔡顺带着两个篓子，分别装着黑色的桑葚和红色的桑葚，不知搞什么名堂，就把他带到头领面前。头领看了看蔡顺，问他为什么不外出求生。再看他篓子里采的桑葚并不多，却分开装，就问他为什么。蔡顺回答说："黑色的桑葚是熟透的，比较甜，是给老娘吃的。红色的桑葚还没有熟透，是酸的，要留给我自己吃。母亲年纪大了，眼睛不好使，分开来装方便母亲食用。"头领一听，心里不由地想起了家中的老母亲。是啊，自己加入赤眉军很久了，家里的老母现在怎样了呢？蔡顺的拳拳孝子之心深深打动了这位头领，他令手下拿来两斗白米和一只牛蹄送给蔡顺。

谁知，蔡顺却拒绝了。他说："就是因为战乱，我才拾取桑葚给母亲当饭吃。战乱不知让多少人家流离失所，多少父母挨饿受冻。你们快回家

吧，父母也正盼望着你们早些回家呢。"士兵们看到蔡顺如此孝敬母亲，不禁思念起家乡的亲人来，都不想再四处征战了。那个头领对蔡顺说："是啊，我也要回家照顾年老的双亲，以尽孝心。这些东西你就收下吧！老人家年纪大了，天天吃桑葚，身体承受不了！"接着就把两斗白米和牛蹄递给了蔡顺。蔡顺不便推辞，只得收下。而这一支赤眉军因思乡心切，无心恋战，就地解散，各自回家了。

东汉光武帝刘秀起兵打天下之前，曾经到过新野，他听说阴君有个女儿名叫阴丽华，美貌与德才兼备。刘秀虽然没有亲眼见过，却打心眼里喜欢她，对她念念不忘。刘秀后来来到长安，见到执金吾（掌管京师卫戍的武官）出行时车骑随从之盛，不由地感慨道："仕宦当作执金吾，娶妻当得阴丽华。"虽然他后来起兵春陵，一心想打下天下来，不再想做执金吾，对阴丽华却始终没有忘怀。

更始元年（23）六月，刘秀在昆阳大败新莽军后，终于到宛县与阴丽华成了亲。婚后不久，刘秀便率军西去洛阳了，阴丽华随军不便，便回到了家乡新野。因为哥哥阴识为义军邓奉部下将领，阴丽华便同家里人一起随迁到清阳，寄住在邓奉家中。

更始二年（24）春天，刘秀去攻打邯郸王郎，在真定得到了当地大姓郭昌的女儿郭圣通，对她很是宠爱，这时候他离开阴丽华不过半载，便另结新欢了。郭圣通婚后一直跟随在刘秀身旁，到刘秀登基称帝时，她已生下皇子刘强。

　　阴丽华在刘秀登基之后才被接到洛阳。起初她与郭圣通都被封为贵人，可是等到要选立皇后时，便有了麻烦。按说阴丽华被迎娶在先，应当立为皇后；可是阴丽华为人雅性宽仁，一再推辞，况且郭圣通此时已经有了皇子。因此最终还是立了郭圣通为皇后。刘秀一方面觉得对阴丽华颇有亏欠，一方面又欣赏她的得体懂事，因此郭圣通虽然被立为后，所受宠幸却不及阴丽华。建武四年（28），光武帝刘秀征讨彭宠，阴丽华从征，途中生下一个男孩，取名刘庄。

　　相形之下，贵为皇后的郭圣通总是一副小姐脾气，不仅经常同刘秀发生争吵，而且对待别的妃嫔所生之子不好，对宫人们也很凶，人们见到她就像看到毒蛇猛兽，避之唯恐不及。这样一来，刘秀就更加宠爱阴丽华而不满郭圣通了。

　　建武九年（33），阴丽华的母亲邓氏和弟弟在家中被人杀害后，光武帝刘秀曾下诏大司空，诏书中说道："吾微贱之时，娶于阴氏，因将兵征伐，遂各别离。幸得安全，俱脱虎口。以贵人有母仪之美，宜立为后，而固辞弗敢当，列于媵妾。朕嘉其义让，许封诸弟。未及爵土，而遭患逢祸，母子同命，愍伤于怀……"并因此追封阴丽华之父阴陆为宣恩哀侯，阴丽华的弟弟为宣义恭侯。这时刘秀已经公开宣称阴丽华为后了，皇后郭圣通则因宠衰而更加怨愤不满。

　　建武十七年（41），刘秀废掉了郭皇后，改立阴丽华为皇后。刘秀倒不是个绝情之人，虽然废掉了郭圣通的皇后称号，让她去做儿子中山王的太后，但是对郭家始终十分照顾。郭圣通的弟弟郭况官居大鸿胪，京师人都传称他家为"金穴"。郭圣通母亲去世时，刘秀也亲临送葬。这种情况直到汉明帝继位后也没有发生变化。郭氏始终与阴氏一样受到皇帝的隆恩，这与阴皇后有一定关系。阴丽华为人恭俭，性情仁孝，堪称"母仪天下"的典范。有贤妻如此，光武帝才最终开创了"光武中兴"，成为一代明君。

　　郭伋，字细侯，东汉初年扶风茂陵人。郭伋为人讲信修睦，颇受时人称赞。

　　在数十年的为官生涯中，郭伋勤于政事，奉公守法，执法严明，政绩突出。不仅关心百姓疾苦，还邀请有德有才之人早晚参与处理政务。据史书记载，郭伋在第二次任并州牧时，受到了县邑百姓的夹道欢迎。

　　不仅如此，郭伋还是一个正直耿介、信守诺言的人，甚至对小孩子都非常讲信用。有一次，郭伋来到西河郡美稷县巡视。人们早就听说了郭伋的威名，纷纷到街上欢迎他。有数百名孩子，各自骑着竹马，在道旁依次拜迎。郭伋见了，便问："孩子们为什么远道而来啊？"孩子们回答说："听说使君到来，我们很高兴，所以来这里欢迎。"郭伋向他们表示感谢。事情办完后，孩子们又将他送出城，并问："使君什么时候再回来？"郭伋不愿信口雌黄，与别驾从事史算好了日子才告诉他们。巡视结束后返回的日子比预计日期提前了一天，郭伋不想失信于孩子们，于是在野外亭中留宿了一夜，等到了约定日期才进城，而孩子们也如约在城里等他。当知道郭伋为了遵守和孩子们的约定竟然在城外露宿一晚时，当地百姓非常感动，连连称赞，更加钦佩他的诚信风范。西河的老百姓听说这件事后，对郭伋更是爱戴有加。郭伋的威望更高了。

宋弘，字仲子，东汉时期京兆郡长安县人。光武帝即位，授予宋弘太中大夫的职务。建武二年（26），又封他为木匄邑侯。宋弘家中没有半点积蓄，这种清廉的作风受到了当时人们的好评。后来光武帝又敕封他为宣平侯。

宋弘早年娶妻，妻子一直没有生育。亲戚朋友们都劝他："你已经人到中年了，还没有儿子，这后嗣的问题不解决，就会断了祖宗的香火，将来你如何对祖宗交代。你还是趁早娶个二房，早点继承香火吧！"宋弘一脸严肃地说："我的妻子自从嫁给我，就跟我吃苦受累。她宁可自己承担家里重担，也要让我安心读书。大丈夫不该喜新厌旧。我处世光明磊落，绝对不会做忘恩负义的事情。如果注定我今生没有子嗣，那也只能怪我自己！"

当时，光武帝刘秀的姐姐湖阳公主刚刚守寡，她还年轻，很想再找个丈夫。光武帝就试探着问她："在我朝文武百官中，你觉得哪一个比较好呢？"湖阳公主毫不避讳地说："大司空宋弘才貌出众，人品高尚，在群臣中，是个出类拔萃的人物。"言下之意，光武帝当然十分清楚。其实，光武帝也很赏识宋弘，如果宋弘能够娶了姐姐，那么皇家又多了一个人才。于是，光武帝就想撮合他们，给他们做媒。

一天，光武帝把宋弘招进宫来，让湖阳公主坐在屏风后面观察。宋弘坐定后，光武帝就开始说："俗话说，地位高了换朋友，钱财多了换老婆。这合乎不合乎人情呢？在我朝中，像你这样还守着一个老婆的大臣已经不多了，难道你就不想换个妻子吗？"宋弘不假思索地说："我觉得，作为一个诚实守信的正派人，在处理个人生活问题的时候，应该做到贫贱之交不可忘，糟糠之妻不下堂，同过甘苦、共过患难的人是应该始终相守在一起的。有钱有势后就喜新厌旧，那是势利小人所为，我是看不起这些人的。"

宋弘已经把话说到这个分上了，光武帝也就不便再张口提湖阳公主的事情了。他走后，光武帝对湖阳公主说："宋弘的话，你都听见了，看来他是不会弃妻另娶了。姐姐还是另做考虑吧。宋弘是个真君子啊！"

许武教弟

东汉时候，有个叫许武的人，父母早亡，两个弟弟许晏、许普还年幼。许武兄兼父职，白天耕田劳作的时候，就把两个弟弟带在身边；晚上，他就教两个弟弟读书识字。两个弟弟不听话了，他就自己跪在宗族牌坊下告罪，认为是自己没有尽到为兄的职责。

许武的声名事迹很快传遍了郡望。东汉时期有一种选拔官吏的制度，称为举孝廉，就是由各郡推举孝悌清廉的人充当。许武也被推举为孝廉，而且凭借自身过硬的本领，他的仕途可谓一帆风顺。然而他想到两个弟弟都还没有名望，为此十分焦急。一天他对许晏、许普说："为兄身兼父职，将二位贤弟培养成人。如今你们长大了，按理也该分家了。不知是否可以呢？"许晏、许普点头许可，许武便把家产分作三份，自己故意拿了最好的一份肥田广宅，而坏的却给了两个弟弟。如此，人人都称许他的两个弟弟而鄙视许武。许武一直承担着这个恶名，直到弟弟们也被举为孝廉后，才聚集了全族的人，哭着说出自己当时的苦衷。之后，许武便把自己得的那份家产又重新分作两份，全部赠给了弟弟们。

韩康，字伯休，一名恬休，京兆霸陵人，东汉名医。韩康生性淡泊，不爱出风头，医术高明且诚实不欺。他经常上山采药，采回后就在长安的大街上摆个小摊子出售。

韩康卖药实行明码标价，每种药材上都标明价格，药摊子旁边还写着"不二价"三个大字。一天，一个牙疼不止的女子前来买药。韩康虽然已经写明了"牙疼药一钱两包"，然而，平常就爱精打细算、占小便宜的女子还是忍不住在已经标明"不二价"的药摊前与韩康讨价还价起来："一个钱卖给我三包药吧！"

只见韩康摆了摆手，一脸严肃地说："小姐难道没有看到这三个字么？做生意，靠的是诚信。所以，我从不虚高价格，也从不接受客人还价。我的药，全是货真价实的，绝对童叟无欺！"

那女子见韩康口气坚决，知道多说无益，悻悻地拿着一钱的牙疼药走了。

日复一日，韩康这个"不二价"的药摊的名声渐渐传开了。城里的居民细细打听，才知道这个摆药

摊的人原来就是赫赫有名的韩康！

朝廷得知此事，曾多次派人进山寻访，征召韩康出来做官，韩康以各种理由拒绝了。后来，汉桓帝亲自准备了一份厚礼，派专员驾着驷马高车去聘请他。当使者捧着圣旨来到山中草庐时，韩康不得已，只有答应出山。但是他坚持不乘官车，而是驾着一辆破牛车，天不亮就先于使者起程了。到了一个驿亭，正逢亭长奉上级之命为韩康修路架桥，向民间征召壮丁牲口。韩康布衣方巾，驾牛车而来，亭长不认识他，以为是乡村野老，不召自来，便命手下抢下他的牛。韩康不动声色，卸车缴牛。一会儿，使者大车接踵而至，亭长才知道老头竟然是韩康，吓得面如土色。使者正要处置亭长，只见韩康淡然道："牛是我自己交给他的，亭长有什么罪过呢？"使者这才作罢。最终，韩康在进京途中找机会溜了，得享天年，无疾而终。

　　西汉末年，王莽篡位，天下大乱。当时，临淄有个孝子名叫江革，字次翁，他从小丧父，家里只有母子两人相依为命。

　　逃难当中，江革多次遇到盗贼，每次都差点被劫去。每当面临这种情形，江革便会在盗贼面前苦苦哀求，痛哭流泪，对盗贼讲："我从小失去父亲，孤苦无依，是母亲含辛茹苦，把我拉扯成人。如果没有母亲，哪会有今日的我。如果我随大王去了，留下孤零零的老母亲，兵荒马乱，举目无亲，母亲如何保全生命，如何度过余生？恳请大王念我老母尚在，没有人奉养，放过我们吧。"

　　盗贼看到江革如此诚心诚意的哀求，无不被他的孝心感动，所以不忍杀他，更不忍把他劫走。就这样，江革屡次感动盗贼，化险为夷。

　　江母年迈，腿脚不便，为了尽量减少母亲行役之苦，江革整天背着母亲，一路上风餐露宿，还要躲避盗贼。母亲虽然不重，但前路漫漫，江革往往累得满头大汗。母亲心疼儿子，要下来自己走。江革却说："孩儿背着母亲，就像回到了小时候一样，感觉到母亲的温

暖，孩儿心里很欢喜。"

一路上，母亲渴了，江革马上讨水给母亲喝；饿了，他竭尽所能为母亲准备食物。夜幕降临，他想方设法寻找住处，使母亲能踏实地安歇。在仓皇逃难的人群中，江革念念不忘的是母亲的安全，全然忘记了自己的饥饿和疲劳。

后来社会渐渐安定下来，而江革背着母亲已经流落到了江苏省下邳县。他们在这里居住下来。在举目无亲的异乡，江革衣不蔽体地为别人当佣人，赚取微薄的收入来维持生活。虽然没钱，但是江革仍然用最好的物品孝敬母亲。凡是母亲日常生活必需的用品，没有一样缺乏；母亲想要吃的、要穿的，没有一样不替她办到。

后来，江革的母亲去世了，他非常哀伤，在庐墓之前大声哭泣，就像找不到父母、无依无靠的孩子一样。整整三年，江革结庐住在母亲的坟旁，连睡觉的时候也不愿把孝服脱掉。

江革的孝行感动了地方长官，被举荐做了孝廉。

廉范，字叔度，东汉京兆杜陵人，赵将廉颇之后。廉范年少时，他的父亲客死四川。他长到15岁时，就急忙去四川接父亲的遗骨归乡安葬。当时的蜀郡太守原是他父亲的部下，想出钱资助他迎丧。但是廉范婉言拒绝了，他认为用别人的钱迎骨，是对父亲的不敬。

廉范一路背着遗骨步行到了葭萌，后又乘船到了白水江。不幸小船触礁，别人都弃物逃命，他却抱着遗骨不放，眼看就要被淹没于水中了。已经逃到岸上的人被他的孝行感动，七手八脚地把他捞到岸上。经多方抢救，他才脱险。历尽艰难险阻，廉范终于把父亲的遗骨安葬在了家乡的土地上。

后来，廉范到公府当了府掾，正赶上他的老师薛汉因参与楚王谋反被杀。没有人敢出面收尸，廉范左思右想，感到无论如何也不能让自己的老师暴尸荒野，就冒着杀头的危险前去收尸。此事被人告发，光武帝特别恼火，质问他为什么去收尸。廉范说："薛汉谋反杀头是罪有应得，但他是我的老师，学生怎能让自己的老师抛尸荒野呢？收尸只是师生之情，绝无其他意图，臣甘愿领受处分。"光武帝知道他是廉颇的后代，也知道他和谋反无关，便放了他。廉范因此得到了好义的名声。

汉明帝永平初年，廉范应陇西太守之邀做了功曹。到任不久，他就察觉不对劲，便辞去功曹，隐名埋姓，到洛阳去做了狱卒。时过不久，太守果然被解到洛阳下狱。在狱中，太守得到了廉范的保护和无微不至的关照，少受了很多罪，他对廉范心存感激。廉范说，您聘请我是情，我照顾您是义，人应该有情有义。

廉范以孝义闻名，后来当了云中太守。恰巧匈奴在此时大举入侵，他带领本部少数人马，孤军奋战，打败了入侵的匈奴，并因功调迁蜀郡太守。到任后，廉范顺从民意，兴利除弊，使蜀地百业俱兴，得到了百姓的拥护和颂扬。

东汉明帝期间，庐州府陈家村住着陈君贤一家人。有一天，陈君贤十二岁的小儿子陈爵和好朋友陈挺在湖边玩耍。他们玩累了，陈挺就对陈爵说："我带着钓鱼竿呢，咱们去钓鱼吧。如果钓到大鱼，今晚就能加餐了！"

陈爵说："我没有带鱼竿，你等着我，我这就回家拿去！"说完，飞快地跑回家去拿鱼竿。不一会儿，陈爵气喘吁吁地回来了，忙问陈挺："你钓到鱼没有？"陈挺说："你看，我钓到好几条了，又肥又大。你赶快过来吧，到我这边来钓，这边鱼多！"陈爵却说："我换个地方，说不定也会有鱼。"说着，就跑到离陈挺不远的地方下钩。陈爵正聚精会神地等着鱼儿上钩，忽然，看到湖边的水中隐隐约约好像有个黄色的杯子。于是，他就用一块大石头压住鱼竿，然后脱下鞋子，挽起裤腿，下到水里捞。他发现，这杯子又重又滑，还有半截埋在土里。

陈挺在那边看到了，就大声地喊："喂，陈爵，你不好好钓鱼，下到水里干什么呢？捞鱼啊！"陈爵听到陈挺的喊声，就说："快来帮忙啊！这里有个大杯子，沉着呢！"陈挺跑过去一看，水里果然有个黄色的大杯子，而且旁边还有一个盘子呢，于是就赶忙下去帮陈爵打捞。

他俩捞起了杯子和盘子，正要上岸，不料手一滑，杯子和盘子又掉进了水里。水被搅浑了，什么也看不见。陈爵和陈挺站在水里一动不动，等水澄清了，他们却看到水底铺着一层五铢钱，少说也有好几百枚，黄澄澄的，招人喜欢。

于是他俩不再钓鱼，都弯下腰去摸钱。他们捡啊，摸啊，一人捧着一大捧五铢钱高高兴兴回家了。

陈爵一回到家，就对陈君贤说："爹，我捡到钱啦！"说完就把那些五铢钱拿给陈君贤看。陈君贤一看，吃惊地问儿子："你是从哪里弄来的这些东西？这可是黄金啊！"陈爵就把刚才的经过原原本本地说了一遍。陈君贤忙说："快带我去看看！"

父子俩跑到湖边一看，发现水中还有很多金器，就又下水去捞。不一会儿，陈挺也带着他的家人来了。邻居们听说湖里有黄金也都跑来了。大伙儿在水中捞啊，捞啊，一共捞出了十几斤。一下子捞出这么多金子，该怎么办呢？陈君贤先把儿子叫到跟前，问道："儿子，这湖是公家的还是咱们自家的？"陈爵说："那还用问吗，当然是公家的！"陈君贤接着又问："既然湖是公家的，那么，在湖里捞到的金子是该还给官府呢，还是应该自家藏起来呢？"陈爵想了一下，说："不应该自家藏起来，应该交给官府。"陈君贤高兴地说："你真是个懂事的好孩子。做人就该诚诚实实，再贵重的东西，是自家的就是自家的，不是自家的就不能要。咱可不能为了这些黄金而忘掉了比黄金还重要的做人的道理啊！"接着，陈君贤又说服了陈挺及其家人和各位乡亲，把从湖里捞出的金子全部交给了官府。当地官府把这件事情报告给上级官府，最后就连汉明帝也知道了。汉明帝知道陈君贤和陈家村村民拾金不昧的事迹后，非常高兴，特别下了一道诏书，表彰并且奖励了他们。

荀巨伯探友

荀巨伯，东汉桓帝时期人。有一次，荀巨伯听说他的朋友生病了，虽然与朋友相隔千里，又值兵荒马乱，但他还是义无反顾地去探视朋友。

荀巨伯一路风尘仆仆地赶到朋友所在住处，却赶上匈奴来犯。于是，荀巨伯马上找到病重的朋友，准备留下来照顾他。朋友很感动，但也害怕连累荀巨伯，就对他说："我如今是必死之人，眼下匈奴攻城，不久可能还会屠城，你还是早做打算，赶紧逃命去吧！"荀巨伯说："我大老远地来探望你，就是为了信义，如今你是让我背信弃义、苟且偷生吗？"

正说着，外面一阵喧嚣，接着一个彪形大汉带着几个士兵踹开了门。朋友很是焦虑，荀巨伯却坦然处之。大汉见到这番情景，很纳闷，就问荀巨伯："全城的人听说我们来了，都闻风丧胆，难道你不怕吗？"

荀巨伯说："我的朋友身染重病，没有人照顾，我不能只求自保，弃朋友于不顾。请好汉手下留情，要杀就杀我，不要伤害我的朋友。"

大汉听他如此说，不禁为之一动，想不到此地竟有如此大仁大义之人，就对随从说："我等这些不懂仁义之人，不该入侵如此讲仁义的国家。"说完，向荀巨伯一拱手，号令军队撤退。

荀巨伯重视友情、舍生取义的高尚品质不仅保全了友人，感动了入侵者，还拯救了一座城。

诚信与失信的约会

陈实，字仲弓，曾官太丘长，东汉年间人。陈实为官正直清廉，深受百姓爱戴。后来，陈实卸任归里，当地人仍尊称他一声"陈太丘"。

有一天上午，陈太丘在从街市回家的路上，恰好与曾一起供职的朋友意外碰面。两人多年未曾谋面，真是友人相见，格外亲热。寒暄一阵后，陈太丘邀请友人到家里好好叙旧，友人盛情难却，两人边走边聊，很快就来到了陈太丘的家门口。一进家门，但见偌大的庭院，已被收拾得干干净净，各种物什摆放得井然有序。陈太丘去里屋叫来夫人和孩子，热情地给他们介绍了一番。孩子们鞠躬施礼后，知趣地到庭院里玩去了；夫人与友人客套几句后，就忙着准备酒菜。友人见陈太丘一家礼仪分明，待客热情，打心底佩服。

谈笑之间，夫人进屋告诉他们饭菜已备齐了。两位老友酒过数巡之后，友人说："不能再喝了，明天我还得去郡府会一个好友，得早点回去准备行装。"话音未落，陈太丘呵呵一笑："如此甚巧，明天我刚好与你顺路，也得去郡府办点事情。"酒足饭饱之后，两位友人约定次日午时一块上路，地点就在陈太丘家门前的大槐树下。

　　第二天，陈太丘提前来到槐树下，等了好长一段时间，眼看午时已过。这时陈太丘猜想友人或是另有他事不能同行，或是已经提前出发了，于是就先行上路了。然而，陈太丘刚走不久，他的朋友就到了，左顾右盼，却不见陈太丘的影子，当即气不打一处来，非要到他家去看个究竟、问个明白。来到陈太丘家门口，看见他的长子正在家门口玩耍。友人便指桑骂槐，又像是自言自语地说道："陈太丘真是枉负盛名哪！跟人约好一块出门的，却又先走了。"当时，陈太丘的长子刚刚年满七岁，名陈纪，字元方，是一个人见人爱、非常懂事的孩子。等友人数落完，小陈纪说："您与我父亲约定在午时，午时不来，是不讲信用；当着小孩的面数落他的父亲，是没有礼貌。对于一个不讲信用又没有礼貌的人，我还有什么可说的呢。"说完便头也不回地进屋了。友人听罢，羞愧万分，恨不得找个地洞钻进去。

范式守信不负约

范式，字巨卿，东汉山阳郡金乡人。曾任荆州刺史、泸江太守等职。范式小的时候，家中贫穷。有一次，范式穿着一身破旧的衣服去上学，几个富家子弟见范式衣着破旧，便故意刁难他，将他绊倒在地。这时，一个叫张劭的同学忙走上前来，扶起了范式。

被同学排挤，范式感到很孤单，放学后一个人跑到学校附近的树林里，衔着一片树叶吹起了悠扬而悲伤的曲子。因担心范式尾随而来的张劭听了以后，表示自己也想学，范式就不厌其烦地教他，两个人玩得很开心。过了一会儿，那几个富家子弟也来了。他们再次嘲笑范式的破旧衣服，还有几个人上前扯范式的衣服，张劭顿时火冒三丈，把他们痛打了一顿。那几个富家子弟挨了打，心里当然不服气，就去老师那里告状。老师知道后，就罚张劭跪两炷香的时间。范式不忍心，也跪在旁边，同他一起受罚。从此，俩人成了无话不谈的好朋友。

一天，范式把张劭叫到小树林，告诉张劭，因家中贫寒，他不得不退学了。范式把自己一直吹的那片树叶送给张劭。张劭则把自己的玉佩送给了范式。二人约定：十年后的今天再在这个小树林见面。

一晃眼十年过去了，此时范式已经当上刺史。刚上任范式就遇上了当年欺负自己的富家子弟李廷。李廷本来想巴结新来的官员，不想这个新官竟然是范式，他不免有些尴尬，但很快便恢复了常态，与范式称兄道弟起来，露出一副媚态，还送上丰厚的礼物。范式断然拒绝了，李廷只好灰溜溜的拿着礼物回去了。

夜晚，范式坐在桌边，抚摸着张劭送给他的玉佩，心想："我和张兄约好相见的日子就快到了，不知他这十年过得怎么样啊！"正想着，忽然听到大门外有人击鼓鸣冤。原来一个老妇人的女儿在客栈被人杀害了，"凶手"被当场抓住。范式命人把"凶手"带上公堂，令他万万没有想到的是，这个"凶手"不是别人，正是自己惦念多年的好兄弟张劭。其实，人并不是张劭杀的，而是李廷害的。张劭刚好路过，便成了替罪羊。可怜他一介书生，纵有百口也莫辩。范式觉察到这件事情有些蹊跷，但苦于一时没有证据，只好将张劭先行押入大牢，改日再审。

这边厢，范式在积极地办案，查找证据。那边厢，真凶李廷担心夜长梦多，真相败露，想出了一条毒计，要让张劭把黑锅背到底。他买通了牢房的牢头，让他们故意以范式之名，对张劭施以酷刑，把他折磨得死去活来。张劭信以为真，当下肝肠俱裂，心灰意冷。

一天夜里，范式换上便服去探监。张劭一见范式，怒发冲冠，大骂他假仁假义，并发誓要与他恩断义绝。范式一头雾水，隐约感到事态严重。他决心把这件事情查个水落石出。李廷知道后，立即找来替身自首，并买通京城大官，诬陷范式办案不力，渎职失守，将他贬为平民。直到新任刺史重审此案，才将李廷缉拿归案。

被革职的范式一身布衣，带着行李返回故乡。途中，他突然想起了十年之约，于是便转身往回走。这时，老管家拦住了他，对他说："您为张劭丢了官，他又对您满腔愤恨，您还去干什么呢？再说，张劭早就回家乡了，您又去会谁呢？"但是范式还是坚持去赴这场十年之约。

傍晚时分，范式来到那片树林，当年的小树而今已经长成参天大树。他随手捡起一片树叶，放在嘴边吹了起来，悠扬而伤感的声音回荡在树林里。

天色渐渐暗了下来，范式没有等到张劭，心里很难过。就在他放下树叶准备离去时，身后忽然传来悠扬的乐声。他转过身去，月光下，张劭正坐在一棵大树下，嘴里衔着一片枯黄的树叶吹着。

　　三国时期的吴国名医董奉，字君异，福建侯官人，医术高明，与当时的华佗、张仲景齐名，号称"建安三神医"。交州刺史士燮得恶疾昏死已三日之久，其他医生均已束手无策，董奉只用了一颗自制药丸就令士燮药到病除，起死回生。

　　董奉虽然医术高明，但是替人治病从不收钱，只要求被治愈的病人在他的住宅旁边种植杏树。重病患者每人种杏树五棵，轻病患者每人种杏树一棵。几年时间里，董奉家附近的杏树便已成林。每逢杏子成熟的时节，董奉就张榜公告，凡是到此买杏者，不收银钱，而是用稻谷换取，一斗稻谷换一斗杏。然后，董奉把换来的稻谷全部用来救济平民百姓。行医济世的董奉赢得了百姓的敬仰，因此闻名遐迩。董奉死后，庐山一带的百姓便在杏林中设坛祭祀这位有道医师。后来，人们又在董奉隐居处修建了杏坛、真人坛、报仙坛，以纪念董奉。

　　"杏林春满""誉满杏林"也就渐渐成了称颂医生医术高明和医德高尚的成语。

刘备不弃民

东汉末年军阀混乱，刘备在曹操大军接二连三的追击下，只好投奔到荆州刘表那里。刘表非常赏识刘备，用隆重的礼节迎接他，并让他带兵驻守在新野附近。刘表病重时，特意把刘备召来，郑重地嘱托他："我的儿子没什么才能，我死之后，你可以兼任荆州刺史。"刘备连连摆手，安慰刘表："您的几位公子很有才华，您还是安心养病吧，我怎会忘记您对我的深厚恩情呢？"刘表感动得热泪盈眶。

没过几年，曹操率领大军南征。此时，刘表已经病逝，他的儿子刘琮做了荆州牧。

刘琮是个贪生怕死的人，他不仅不带兵抵抗，反而打算向曹操投降。但他没敢把这件事告诉刘备。很快，曹军就兵临城下，形势十分危急。刘备得知这一消息后，捶胸顿足，仰天长叹，非常生气地说："刘琮啊，你怎么能这样没有志气呢，你对不起你父亲对你的教诲啊！"

这时，刘备部下，甚至诸葛亮都劝说刘备抓住这一有利时机去攻打刘琮，占领荆州这个战略要地。

刘备沉思了许久，坚定地说："刘表病重时把他的儿子托付给我，我答应要好好照顾他，如今让我去攻打刘琮，这种事，我是不忍心也不会做的，你们别再劝了！"当刘备率领部下经过襄阳城时，向城上大声呼喊："请刘琮出来，我有几句话要说。"刘琮吓得不敢出来。刘备无奈地叹了口气，随后来到刘表的墓前，跪倒在地，扶住冰冷的墓碑，伤心地哭了很久。

刘琮的部下、荆州的军士和老百姓为刘备的深情厚谊所感动，他们都心甘情愿地跟随刘备前往江陵逃难。到达当阳城时，跟随刘备的士兵和百姓多达十万人，运载粮草财物的车子也有几千辆。人山人海，缓慢地向前移动。百姓们扶老携幼，走得很慢。有人很焦急地劝刘备："我们的目的是占有江陵，按现在的速度，肯定会被曹军追上的。再说，这十万多人，貌似庞大，其实并没有多少士兵，多是一些老百姓，曹军来了，又如何抵抗呢？"

刘备很自信地说："我们是要做大事的，应该懂得争取广大人民的拥护。大家这么热情地跟随我，是对我的信任，我又怎么忍心丢下他们不管呢？"

于是，这支很独特的队伍仍缓慢地朝前行进着。这时，曹操亲自率领五千精兵追了过来，行动神速。直到这时，刘备才在众人的再三劝说下，不得不抛弃妻子，与张飞等人先走一步。

后来，刘备采纳了东吴军师鲁肃的建议，与孙权联合起来，共同对抗曹操。刘备为人宽厚，讲求仁义，他敬重帮助过他的人，爱护拥护他的百姓，甚至在危难时也不忍心抛弃随行的平民，被后世传为美谈。

曹操不违生死约

　　建安三年（198），曹操率兵东征吕布，攻克彭城，围住下邳。吕布为争取主动，多次带兵出城冲杀，都被曹操的军队打败。吕布锐气尽失，只好据城固守，再也不敢出门迎战。

　　下邳城防守坚固，一时不易攻下。于是曹操改变策略，给吕布写了一封信，讲明利害关系，示意他投降。吕布看了信，打算投降，而陈宫等人自从在兖州背叛曹操投奔吕布以来，一直与曹操为敌，知道曹操不会容纳自己，因而竭力反对投降。

　　无奈之下，陈宫想出一个拒敌之计，就对吕布说："曹操远来，军粮补给肯定会有困难，其攻势不可能维持很久。将军可带一部分兵力到城外驻扎，我带其余的兵力在城内防守。这样，如果敌人进攻将军，我就可以从背后去进攻敌人；如果敌人来攻城，将军又可以从城外接应。不出十天，敌军粮草不足，我们乘机进攻，必定可以大胜。"

　　吕布准备采纳陈宫的意见，就在这时，吕布的妻子出来阻挠，对吕布说："陈宫、高顺素来不和，将军一走，他们二人肯定不会同心共守，万一有个差池，将军自己如何立足呢？更何况过去曹操待陈宫就像对待亲骨肉一样，他还要离开曹操投奔我们，而现在将军待他并不比曹操待他好，你却要把城池和妻儿都交给他，自己孤军远征，万一发生变故，我还能再做将军的妻子吗？"吕布听了妻子的话，觉得有道理，犹豫了一阵，终于改变主意。

曹操因为下邳久攻不下，士卒疲劳，不由得动了撤军的念头。荀攸、郭嘉劝阻说："吕布勇而无谋，现在屡战屡败，锐气已经丧失。陈宫虽然有智谋，但吕布不听他的计策。现在，应该趁吕布元气还没有恢复过来，陈宫的计策也还没有使出来的时候，加紧进攻。"

曹操听了，觉得很有道理，于是激励士气，继续攻城，并根据荀攸、郭嘉的建议，采取了新的攻城步骤。吕布又坚持了一个多月，越来越感到难以支持，于是登上城楼，向曹军士兵说："你们不要再围城了，我去向明公自首。"陈宫站在一旁，气得高声喊道："现在就去投降他，就好比以卵击石，哪能保全性命？"

这时，吕布态度动摇，部下陈宫、高顺则决心与曹操对抗到底，其余的人也都彼此猜疑，上下离心，斗志丧失。部将侯成又因为挨了吕布的骂而生气，于是同宋宪、魏续一起，乘陈宫、高顺不备，将他二人捆绑起来，押着出城投降了曹操。

吕布带着部分将士退守下邳南门的城楼白门楼，城外围攻甚急。吕布见大势已去，于是走下城楼，开城投降，束手就擒。曹操召集文武官员来到白门楼上，当众处置吕布。吕布被押到城楼后，为了活命，与曹操周旋了一阵。曹操听了刘备之言，杀吕布的决心已定，就再也不理吕布，而是转过头去问陈宫："公台（陈宫的字）平生自以为智谋过人，今天怎么也弄到这个地步了？"

陈宫瞪着吕布说:"只因为他不听我的话,以至于弄到如今这个地步。如果他能按照我的想法去做,绝不会被你活捉的。"曹操又笑着问:"你看今天这事该怎么办呢?"陈宫平静地回答说:"我作为人臣却不忠,作为人子却不孝,理应奔赴刑场。"

　　曹操惋惜道:"你死了,你的老母亲怎么办呢?"陈宫长长地叹了口气,说:"我听说打算以孝治天下的人,是不会害死他人的父母的,我老母亲是死是活,只能由你来决定,已经不是我所能决定的了!"曹操又问:"那么,你的妻子、儿女怎么办呢?"陈宫回答说:"我听说打算施仁政的人,是不会加害别人的妻子儿女、杀绝别人的后代的。我的妻子和孩子是死是活,同样也只能由你来决定。"

　　曹操听了,不再说话。过了一会儿,陈宫要求说:"请把我拉出去处死,以彰明军法!"说完自己就往外走,军士怎么拦也拦不住。曹操见了,无计可施,只是流着眼泪在后面送行,陈宫却连头也不回一下。曹操遂下令将吕布、高顺等一同拉出去处死。

　　曹操杀死陈宫、吕布之后,将其首级送到许都示众,然后埋葬。他没有忘记陈宫临终时说的话,特地将他的老母亲迎来奉养,直到去世。陈宫的女儿长大后,又为她操办婚事。曹操对陈宫家人的关心、照顾,比当初陈宫在世时还要周到。

　　三国时期魏国征伐蜀国，大都督司马懿率左将军张郃带领二十万大军，秘密进伐蜀国。大军直指蜀国剑阁。

　　当时蜀国丞相诸葛亮正屯兵祁山，精锐部队都扼守在险要之地。正值部队交替换防，十万部队要撤离十分之二的兵力，只留下八万兵力。而魏军已经开始排兵布阵。蜀军参谋人员认为敌军兵多将广，没有足够的兵力是战胜不了魏军的，就纷纷建议停止换防，并把换下来的兵力留下来，用来壮大蜀军的声势。诸葛亮却说："我带兵打仗，统领部队，从来都是以信义为治军根本。那种为了得到利益而失去信义的事，是古人都痛惜反对的。目前该换防离去的士兵都已经打点好行装，准备归程，他们的妻子儿女也在翘首企盼，计算着他们的归期。虽然现在面临征战的困境，但是恪守信义却不能因此而废去。"说完就下令催促换防下来的士兵尽快返乡。这样一来，该返乡的士兵都很高兴，纷纷表示愿意留下来参加战斗。该留下来的更是斗志昂扬，决心拼死一战。士兵们互相勉励说："丞相的恩德，我们拼死都报答不了啊。"战斗开始后，没有一个士兵不奋勇向前，个个以一当十，一举击退了司马懿的二十万大军，并击杀了魏军大将张郃。

诸葛亮靠信义带兵，以信义治理军队，才迎来了剑阁之战的胜利。

华歆、王朗同是三国时代的人。一次战乱中，他们两人被追兵撵到了长江边。慌乱中，他们找到了一条船。正要开船时，岸上又跑来一个呼喊求救的人，他也想搭乘这条船逃往对岸。华歆看到这个情景，为难起来，在一边沉默不语。旁人见他犹豫不决，也不好开口。

这时追兵越来越近。王朗着急了，忙对华歆说："就让他搭船吧，正好船上还有地方，为什么不帮他一把呢？"就这样，那人也与华歆、王朗同乘一条船往对岸逃去。

船行到江中心，追兵已经赶到岸边。他们看见华歆、王朗的船，便纷纷下水泅渡追赶。泅水的士兵离行船越来越近。划船的艄公已累得筋疲力尽，船的速度越来越慢。王朗见此情景，开始慌张起来，便打算把一同逃难的那人赶下船。华歆连忙阻止说："我当初所以迟疑、不答应，正是怕出现这样的情况。我们既然已经答应人家同船逃难，怎么能中途丢弃人家呢？"王朗被说得无言以对，只好照华歆的话办。

追兵泅到江心渐渐累了，速度也慢了下来，与华歆他们的船的距离逐渐拉大。就这样，船划到了对岸。华歆、王朗摆脱了追兵，那个人也逃出了虎口。

　　这件事传开后，人们都赞扬华歆办事讲信用，说话算话，在任何情况下也不变卦。

蒋琬肚里能撑船

三国时期，诸葛亮死后，蜀国的朝政由蒋琬主持。蒋琬力守诸葛亮旧制，使蜀国安全如故。

蒋琬属下有个官吏叫杨戏，此人性情孤僻，沉默寡言。一天，蒋琬来了，众僚属纷纷起立，只有杨戏和平时一样，伏在案上看材料。蒋琬见他工作认真，便上前跟他说话，但杨戏对蒋琬的话不置可否，很少回答。

有些人看不惯杨戏这种目无长官的做法，蒋琬却不以为然，说："每个人都有自己的个性，杨戏没有回答我的问题，总比说违心话要好。杨戏不回答我的问题，是有他的为难之处，若赞同我的话，他心里却不同意，若公开表示不赞同，又顾及我的尊严，因此只好沉默不语。这倒是他爽快的地方，我不能责怪他。"

督农官杨敏喜欢背后议论人。有一天与同僚议论起蒋琬来，其他人一味说蒋琬好，有的人甚至把蒋琬与诸葛亮相提并论。杨敏不服气地说："新相有德有才，但哪能与前相比？我看新相做事有些糊涂，实在不及已故的诸葛丞相。"有人把这话告诉了蒋琬，并提议整治杨敏。蒋琬说："我确实不如诸葛丞相，杨敏的话没有错。"

后来，杨敏因别的事被捕入狱。人们纷纷议论："杨敏得罪丞相，现在又犯了罪，看来是活不成了。"然而蒋琬在处理杨敏一案时毫无偏颇，秉公办理，使他免于死罪。

蒋琬看重道义，器量宽宏，蜀国人民都称赞他"宰相肚里能撑船"。

曹
睿
护
鹿

曹睿是魏文帝曹丕的长子，母亲甄氏。曹睿自幼聪颖，很得曹操宠爱，常常被曹操带在身边。十五岁时，曹操病逝，曹丕登基。登基后，曹丕久久不立太子。曹睿聪颖，又是长子，理所应当该继承帝位，但是他的生母甄氏是被曹丕处死的。而甄氏之死，又与曹丕宠爱的郭皇后有关。甄氏死后，曹睿知道狠毒的郭后不会放过自己，一直谨言慎行，避免被人捉住把柄。他多次想向曹丕表明心迹，又怕激怒曹丕，便一直默默等候时机。

一次，曹丕带他出去打猎，山林中发现一大一小两只鹿。曹丕射死了母鹿，小鹿在旁边瑟瑟发抖。曹丕命令他射鹿，他却把小鹿放走了。面对曹丕的责备，曹睿说："父亲，您已经杀了小鹿的母亲，我怎么忍心再杀它的孩子呢？"曹丕想到自己杀死甄氏之事，很惭愧，对曹睿说："你的仁慈之心，我比不上啊！"

曹丕有九个儿子，最终还是把帝位传给了曹睿，这与他的仁爱是分不开的。

羊祜以诚待人

　　羊祜是汉末大儒蔡邕的外孙，司马师的内弟。他从小喜欢读书，学识渊博，谈起话来条理清楚，道理充分，说服力强。因他表里如一，言行一致，人们都把他比作孔子的得意门生颜回。

　　西晋灭蜀后，灭吴就提上议事日程了。这时，吴主孙皓在位，他是孙权的孙子，十分残暴，杀人如麻。

　　东汉末年天下大乱，到这时已近百年，人心思治，统一是大势所趋。泰始五年（269），司马炎任命羊祜为荆州都督，屯兵南夏。南夏是靠近东吴边境的小镇，十分荒凉。羊祜早有灭亡东吴统一全国的远大抱负，他决心把南夏治理好，作为伐吴的基地。羊祜初到南夏时，士兵没有口粮。他就在南夏屯田，让士兵开荒八百多顷。

　　经过一年的努力，粮食获得大丰收，可供十年之用，有效解决了军粮问题。羊祜认为"兵不厌诈"与他的性格不符，况且在南夏用不上，必须待人以诚，取得吴人的信任和他们对晋朝的好感。他每次与吴人作战，总要等到日出之后，从不偷袭。羊祜对投降过来的吴人都给予奖励，而且来去自便。有些投降过来的人回到东吴后，对吴人讲述羊祜如何优待他们，很多人听了，也跟着来投降。

羊祜为人随和，能够与士兵同甘共苦。他经常穿一身便服，带几个随从去打猎。有时候，他一个人去查看士兵的营房，对士兵嘘寒问暖，因此士兵都很爱戴他。

晋武帝得知羊祜在南夏的政绩，提升他为车骑将军，还要为他在洛阳建造住宅。羊祜推辞说："东吴未灭，国家尚未统一，我的政绩微不足道，请皇上多奖励那些对国家有更大功劳的人吧。"武帝和朝廷里的文武官员听了这话，都深受感动。

东吴西陵督军步阐见羊祜待人以诚，便约好率领全城士兵过来投降。羊祜正要去接应，不料东吴大将陆抗已经得知消息，以迅雷不及掩耳之势袭击了西陵，把步阐活捉去了。这事传到西晋朝廷上，有人便乘机散布流言，中伤羊祜，说步阐被擒，罪在羊祜。不久，羊祜受到了降职的处分。

羊祜不计个人得失，灭吴决心毫不动摇，虽被降职，反而加紧了灭吴的准备工作。羊祜对东吴军民进一步采取攻心战术，有意地表示友好。一天，他的部下贪功，抓了两个东吴的牧童，作为俘虏献给他。羊祜说："两国交战，小孩子有什么罪？快把他们放了。"他派人把牧童送回东吴，当面交给他们的父母。牧童的父母高兴极了，到处称颂羊祜的恩德，不久举家前来投降。

有一次，吴将陈尚、潘景前来进攻，被西晋的军队打死了。羊祜说："两军交战，各为其主，他们是忠臣，应当买两口上等棺木装殓他们，让他们的子弟前来迎丧。"陈尚、潘景的子弟果然过来迎丧，羊祜亲切地接待他们，并劝他们道："请节哀，我们要一起为国家统一努力，避免再出现死人的事。"

有时，羊祜的部下过境作战，因没有粮食吃，割了吴人的稻谷。羊祜知道后，就叫部下送绢给吴人，作为补偿。羊祜的行为使吴人深受感动，他们在提到羊祜时，都不再叫他的名字，而是尊称他为"羊公"。

　　西晋的腐朽统治最终导致了"八王之乱",而"八王之乱"造成了严重的破坏,给老百姓带来了巨大灾难。连年的战争,加上不断发生的自然灾害,使得西北农民成群结队出外逃荒,人们称之为"流民"。

　　有一年,关中六郡几十万流民逃荒到蜀地,其中就有氐族人李特及他的兄弟李庠、李流。逃荒路上,一些年老体弱或患病受伤的流民,经常得到李特兄弟的帮助和照顾,因此对他们十分敬重,把他们当作主心骨,遇到什么事都去找他们商量。

　　流民到了相对安定的蜀地后,就分散到各处去打工谋生了。而管辖蜀地的益州刺史罗尚一心要把流民赶回关中,而且还准备在要道上设关卡没收流民的财物。

　　流民听到益州地方政府要赶走他们的消息后,一个个唉声叹气,去向李特诉苦。面对愁眉苦脸的父老乡亲,李特豪爽地说道:"天无绝人之路,你们放心吧,我会去请求官府放宽限期的。"李特多次与官府交涉,希望延缓遣送流民回关中的日期;同时在绵竹设立大营,收容没有落脚处的流民。流民互相转告,纷纷赶来投奔李特，不久这个大营就聚集了近两万人。这时，李流也设立了一个大营，聚集了几千人。

李特收容流民之后，派使者阎彧去见罗尚，再次请求缓期遣送流民。阎彧来到罗尚的刺史府，看到那里正在修筑营寨，调动人马，知道他们不怀好意。他见了罗尚，说明了来意。罗尚对阎彧说："我已经准许流民缓期遣送了，你回去告诉他们吧！"阎彧直爽地对他说："罗公您听了别人的坏话，看样子恐怕不会饶过那些流民吧。不过小人倒要奉劝您，不要小瞧了老百姓。百姓看起来是软弱的，您若逼得他们无路可走，众怒难犯，只怕对您也没有好处。"罗尚假惺惺地说："我不会骗你，你就这样去说吧！"

阎彧回到绵竹，把看到的情况一五一十告诉了李特，并且对李特说："罗尚虽然这样说，但是我们不能轻信他，要防备他偷袭。"

李特警惕性很高，听了阎彧的话，当机立断，把年轻力壮的流民组织起来，让大家拿起武器，随时准备抵抗官兵的进攻。

晚上，罗尚果然派来三万人马，而且是骑兵与步兵协同出击，一起向绵竹的流民大营扑来。

官兵冲进李特的营地，只见营帐里静悄悄地，一点声息都没有。为首的将领以为阴谋得逞，便发出号令，指挥兵马向一个个营帐冲去。

突然，流民大营里响起了"咚咚"的锣鼓声，预先埋伏在四周和营帐里的流民，里应外合，手拿铁棍、木棒、大刀、长矛，猛虎下山般冲向官兵。罗尚的三万人马被流民打得落花流水，抱头逃窜。落荒而逃的几个将领赶紧去向罗尚报告，被罗尚臭骂了一顿，命令他们召集残兵败将，重新组织力量，再次向流民大营发动进攻。

流民集聚在李特周围，请李特出头组织，坚决与官府抗争到底。事态发展到这个地步，李特便和六郡流民首领一起，决心走上反抗的道路。流民首领都被拥为将军，李特被一致推举为镇北大将军，李流为镇东大将军。李特把流民按军队的编制进行整顿，使流民有了军事化的组织形式。从此士气高涨，没几天，就把附近的广汉攻了下来。占领了广汉后，李特仿效汉高祖，约法三章，纪律严明，秋毫不犯，还打开官府粮仓救济贫民。

蜀地老百姓原来对李特领导的由流民组织起来的这支队伍不了解，后来看了他们的所作所为，不仅非常同情他们的处境，还想办法向他们提供帮助。

罗尚见与流民硬拼占不了上风，一方面派人去向李特求和，一方面勾结地方豪强势力，围攻李特率领的流民队伍。战斗十分惨烈，李特在战斗中英勇牺牲。李特的儿子李雄便接过父亲的武器，继续率领流民进行战斗。

公元304年，李雄称成都王。两年后，他又自称皇帝，国号成，以成都为京城。李雄的侄儿李寿登基后第二年，即公元338年，把国号改为汉，史书称之为"成汉"。公元347年，成汉为东晋桓温所灭。

东晋末年，原本住在敦煌的李邈一家，因家境贫困，流落到了汉川。李邈虽然才学出众，但是时运不济，只能屈居汉川刺史副手姜显之下，受到凌辱欺压。李邈一直默默地忍受着。

十五年后，即晋安帝义熙九年（413），李邈被朝廷任命为梁州刺史，镇守汉川。消息传来，原来欺凌过李邈的人无不惊恐，如坐针毡，寝食不安。姜显更是终日难宁，家人劝他主动请罪："过去你欺压人家，人家今日要报复你，也是你罪有应得啊！"

李邈上任那天，姜显赤着上身，叫人捆了自己，来到离城五里之外，跪在路旁迎候李邈。李邈见到他，大吃一惊，连说："唉，不要这样，不要这样！"接着，李邈走下轿子，亲手为姜显解开绳子，安慰他说："过去的事已经过去了，今后谁也不要放在心上。"说罢，又叫家人取来衣服，走上前说："来来，快穿上衣服。"

有人不解地问李邈："过去姜显那样欺负你，你非但不提，而且还这样待他，是为什么呢？"

李邈思考了一下，说："我过去借住在这里，失意多年，若报复姜显，那会有许多人都感到害怕。只要他们真心悔过就行了，何必还要意气用事呢？何况今后大家作为同僚还要共事呢。"

人们听了李逊的话，都称赞他是一个胸怀宽广、度量宏大的人。

朱冲送牛

朱冲，字巨容，西晋时期南安人。朱冲从小品行出众，闲静淡泊。他聪敏好学，虽然家中贫困，但并不以为耻，常常帮着家中耕地、种菜。

有一次，朱冲在山中放牛，邻居也在那里。突然，邻居不由分说牵着朱冲那头正在吃草的小牛就走。朱冲虽然有点纳闷，但是并没有上前阻止。他想，这其中大概是有一点误会，误会解除，邻居自然会把小牛送回来的。

果不其然，过了几天，邻居就把他家的小牛送回来了。只见邻居大为惭愧地对朱冲说："巨容，真对不住。我前几天把自己的小牛拴在树林里，居然忘记了，今天看到才想起来。那天我找牛找了好久，看到你的牛时，误以为是自己的了，还请见谅啊。"朱冲看到被安然无恙送回来的牛，又望了望神情狼狈的邻居，笑笑说："这有什么关系呢？这头小牛几天不见，个头更大了，看来你比我更适合当它的主人。不如这样，这头小牛我就送给你吧。"邻居一听，心中更是不安，但是看到朱冲一张真诚的脸，他知道多说无益，又把小牛牵回去了。原来朱冲那天回去后才了解到邻居家的生活比他更贫困，比他更需要那头牛，从那天开始，他就已经在心里把小牛送给邻居了。

村里还有一户人家，放牛的时候总是把牛赶到朱冲家的庄稼地里，糟蹋了不少禾苗。朱冲看到这番情景，并没有生气，反而自己经常拔一些禾苗喂牛。主人看到之后，羞愧不已，从此以后再也不胡作非为了。

朱冲正是以这样一种宽容、仁爱之心度过了一生。

王览，字玄通，西晋琅琊人。他与哥哥王祥是同父异母的兄弟。王览的母亲朱氏经常无故痛打王祥。而王祥是一个非常孝顺的孩子，即使继母朱氏如此对待他，他也从不反抗。

王览还在总角之时，有一次见到哥哥被母亲用树枝毒打，全身青一块、紫一块，被打得体无完肤，仍不发一言地跪着。站在一旁的王览再也看不下去，哭着跑到哥哥跟前抱住他，不让母亲再打。长大后，王览总是好言劝谏朱氏，朱氏对待王祥的态度才稍微有所缓和。一旦朱氏对王祥提出一些无理的要求，王览总是站出来，表示要与哥哥一起去做。而朱氏如果无故虐待王祥妻子的话，王览的妻子也总是迎上前去，与嫂子一起。如此这般，朱氏担心王览有所闪失，才稍稍停手。王祥与王览的父亲去世之后，王祥的声誉渐渐大了起来。朱氏对此深恶痛绝，想要秘密地毒死王祥。

有一次吃饭的时候，朱氏很殷勤地为王祥倒酒，引起了王览的注意。王览一把抢过酒壶就要喝。一旁的王祥看到朱氏焦急的模样，急忙抢过酒壶，就是不给王览。朱氏看到这种情况，自己赶紧把酒壶抢过去，不再给他们俩兄弟。从此以后，朱氏无论给王祥吃什么东西，王览总是要亲自尝试过才敢放心让王祥吃。朱氏害怕毒死王览，从此以后才不敢再做这种伤天害理的事情。

琅琊王氏是晋朝大族，著名的书法家王羲之正是王览之后。王祥、王览俱以孝悌名世，他们的言行举止也成为家族楷模，为后世效法。

孟
信
追
牛

孟信是北魏孝武帝时的赵平太守，他为官清廉，深
受百姓爱戴。曾经有一位山中老者给他送去烤好的猪肉
与上好的酒，以表敬意。孟信没有推辞对方的好意，反
而拿出自家的酒与韭菜花、腌咸菜之类的素菜来。酒过
三巡，孟信推辞不了老者的好意，就以自己吃素为由，
勉强收下了一条猪腿。

孟信为官清贫，后来不做官了，生活更是捉襟见
肘，饥一顿饱一顿。此时，孟信家中唯一值钱的就是一
头老牛。他的侄子准备用老牛换一些柴米，以免饥肠辘
辘。卖牛的时候，恰好孟信出门在外，双方已经办妥了
所有的手续。当时牛的使用价值很高，官府规定买方必
须知道卖主家的地址，所以买牛的人就在孟信家等着他
回来。

孟信回来后，看到买牛人，才知道老牛被侄子卖掉
了。他赶紧告诉对方："我这头牛有病，稍微使点力气，
就会发病，什么也干不了，你还是别买了。"并且生气
地打了侄子二十下。

买牛人对孟信高尚的道德感到很惊讶，于是对他

说："孟公，我只想买下您这头牛，无论生病与否都不重要，我也不会让它干力气活。"没想到，孟信是个倔强的人，坚决不卖给他，再三请求之后，这桩生意还是没有做成。

没想到的是，买牛的人是周文帝的手下。周文帝听说了这件事之后，觉得孟信和其他人不一样。不久就举孟信为太子少师，后为太子太傅，享受高规格待遇。终其一生，周文帝都对孟信十分礼遇。

王羲之题扇

　　王羲之，字逸少，东晋书法名家。一天傍晚，王羲之在绍兴城内散步，走到一座石桥的桥头时，看见一个老婆婆愁眉苦脸地提着一篮子竹扇，拄着拐杖，站在桥头叫卖。王羲之看到老婆婆生意不好，就走上前去跟她寒暄起来。老婆婆说："天冷了，扇子卖不出去，本钱都花在芭蕉扇上了，现在连吃饭都成问题了。"

　　王羲之听了，想了想，就说："老婆婆，我给你的扇子写几个字，你再拿去卖好吗？"老婆婆不认识王羲之，但是觉得他很热心，就把扇子都交给了他。王羲之当即叫书童拿来笔墨，在扇子上龙飞凤舞地写了起来。老婆婆看到干净漂亮的芭蕉扇被王羲之写得一塌糊涂，唯恐卖不出去，就哭着要王羲之赔。王羲之安慰她说："老婆婆，不必着急，更不要生气。我问你，你这扇子卖多少钱一把？"老婆婆说："三个钱一把。"王羲之听了，哈哈一笑说："那很好，你现在就卖三百钱一把。你赶快拿着扇子去卖吧，你就对人说：'这些扇子上的字都是王羲之写的。'准有人肯花钱买的。"

　　那老婆婆不肯相信，还缠着王羲之不放。路上来来往往的人很多，看到老婆婆拉着王羲之争吵，都围过来看热闹。有些认得王羲之的人，一看这是王羲之亲笔题的扇子，马上掏出三百钱来买扇子。一传十，十传百，消息很快就传开了，大家都抢着跟老婆婆买扇子。转眼间，这些扇子都卖光了，老婆婆乐得嘴都合不拢了。现在绍兴市内有一座石拱桥，叫作"题扇桥"，据说就是王羲之为老婆婆题扇的地方。老婆婆尝到甜头以后，就常常拿着扇子在路边等着求王羲之题字。王羲之一看，这不是办法，每次外出见到老婆婆，就躲到石头背后。现在从绍兴市区到兰亭的路上，还有一块"躲婆石"，据说就是当年王羲之躲老婆婆的地方。

顾荣施炙

顾荣，字彦先，西晋吴人。顾荣在洛阳的时候，曾经接受别人的邀请赴宴。席中，顾荣刚夹起焦黄焦黄的鲜嫩烤肉时，往左一瞥，发现烤肉之人眼睛直勾勾地盯着香喷喷的烤肉。顾荣当下会意，不动声色地把烤肉放回盘子里，推到厨师的手里，让给厨师吃。同座的人都讥笑顾荣，顾荣面不改色地说："难道一个人可以整天拿着烤肉，却不知道它的味道吗？"看着厨师狼吞虎咽地吃得津津有味，顾荣开心极了。

西晋末年，发生了"八王之乱"，异族纷纷起义，建立政权，西晋皇室渡过长江，建都建康，史称东晋。那位以烤肉出身的厨师已经成了皇帝司马睿的厨师，而贪吃的司马睿特别爱吃烤肉，对那位厨师宠爱有加，封他为侯。

而顾荣因为才智过人，遭人妒恨，到处被人追杀。

有一次顾荣即将被送上刑场，厨师知道后，立即请求司马睿赦免顾荣。那锋利的大刀正要砍下时，只听到一声"手下留情！"一人骑着快马飞奔过去，"金牌在此，赦免顾荣"。

后来顾荣才知道，救命恩人正是接受自己烤肉的厨师。

北朝魏齐时候，赵郡平棘这个地方有个大善人叫李士谦。他从小丧父，年轻时曾在魏广平王府当过参军，因此被人称为李参军。自从母亲去世后，他就不再出仕。赵郡李氏虽是当地有名的大士族，李士谦却崇尚节俭，慷慨助人，常常施舍钱财，救济穷苦百姓。

有一年春荒，许多人家断炊，揭不开锅。李士谦从粮仓里取出一万石粮食，借给邻里乡亲。这年夏天又遇上天灾，秋收也不好，借债的人无力偿还，都来向李士谦请求延期偿还。李士谦说："我借粮给乡亲们是为了帮助大家度荒，不是为了求利。今年受灾歉收，借的粮食就不用还了。"他怕欠债人不放心，特意备办了酒席，邀请他们来家吃饭。在吃饭时，他搬来一个火炉放在院子中间，然后将所有的借据都拿出来，放在炉子旁边的方桌上。

李士谦走到桌前，拿起两叠借据对大伙说："这是乡亲们借粮的契约，我现在当众烧毁，各位乡亲所借的粮，都不用还了。"说罢，他将借据投入火炉，只见烈火熊熊，借据顷刻间化为灰烬。

第二年风调雨顺，五谷丰登，那些借过李士谦粮食的人，都争先恐后地来还债。李士谦家的大院里挤满了人，他们纷纷要求李士谦收下粮食。李士谦坚决拒绝，他对前来还债的农民说："去年的事不要提了。乡亲们有困难，我拿出点粮食救济大家算得了什么，今年虽然丰收，你们家底薄，仍不宽裕，还是拿回去吧。"还粮的人好说歹说，他只是不收。

　　过了几年，赵郡一带发生特大旱灾，赤地千里，颗粒不收。老百姓为了充饥只得吃树皮草根，到处都是逃荒的饥民。李士谦搭设了许多粥棚，每天两次供应饥民稀饭。由于李士谦的救济，上万人得以生存下来。不仅如此，李士谦还拿出自己所有的钱财，收埋死者的尸骨。到了春天，他又拿出粮种，分给贫困户，帮助他们恢复生产。李士谦这种人道主义精神和慈善行为，受到人们的赞扬。赵郡的百姓都很感激他，许多人抚摸着儿孙的头说："这孩子是因为李参军的恩惠才活下来的。"

　　李士谦一生乐善好施，去世时，赵郡的男男女女听闻这一噩耗，如丧考妣，无不痛哭流涕。

　　辛公义，陇西狄道人。早年丧父，由母亲一人抚养长大，母亲亲自教授他各种典籍。辛公义读书以勤奋刻苦著称，受到同辈人景仰。隋开皇年间，辛公义被派去稽查马场，获得了十多万匹马，隋文帝杨坚赞许道："只有公义才会为了国家呕心沥血啊。"

　　辛公义后来因功晋升为岷州刺史。他发现当地有一种恶俗，就是害怕疾病，假如一个人患病，全家人都躲避他，一点孝义之道也不顾。因此，患病的人大多数都病死了。辛公义很忧虑，想改变这个风俗。于是，他派遣官员巡行管辖地，将患病的人用床车运来安置在厅堂里。夏天瘟疫流行时，病人多达几百人，厅内廊下全都住满了人。辛公义亲自在厅内摆放了一张榻，独自坐在里面，从白天到黑夜面对病人处理政务。辛公义的所得俸禄全部用来给病人买药、延请医生治病了，还亲自劝病人进食。等到病人痊愈了，辛公义便把他们的亲人叫来，对他们说："各人的生死皆由天命所定，并非是互相关联着的。过去你们抛弃病人，所以病人才会病重而死。现在我将患病的人聚集起来，我坐卧都在其中，假如说病会传染，我哪能够不死，病人又怎么能痊愈呢？你们不能再相信从前那一套了。"病人的家属听了都很惭愧，称谢而去。

从此，当地人们开始互相关爱，陋俗也随之改变。全境的人都尊称辛公义为"慈母"。

中华传统文化主题故事读本·诚信仁爱

　　皇甫绩是隋朝有名的大臣。在他三岁的时候，父亲去世了，母亲一个人难以维持家计，就带着他回到了娘家。外公韦孝宽见皇甫绩聪明伶俐，又没有父亲，因此格外疼爱他。

　　韦家是当地的大户人家，由于家里上学的孩子多，外公就请了一个教书先生，办了私塾。皇甫绩就和表兄们在私塾里上学。

　　外公是个很严厉的老人，尤其对他的孙辈们，更是严加管教。开学的第一天就立下规矩，谁要是无故不完成作业，就按家法重打二十大板。

　　有一天上午上完课后，皇甫绩和他的几个表兄躲在一间已经废弃的小屋子里下棋，不知不觉到了下午上课的时间，大家都忘记做上午的作业了。

　　第二天，这件事被外公知道了，他把几个孙子叫到书房里，狠狠地训斥了一顿。然后按照规矩，每人重打二十大板。

　　外公看皇甫绩年龄最小，不忍心责打他。于是，就把他叫到一边，慈祥地对他说："你还小，这次我就不罚你了。不过，以后不能再犯这样的错误。不做功课，不学好本领，将来怎么能成大事？"

皇甫绩和表兄们相处得很好，小哥哥们都很爱护他，看到小皇甫绩没有被罚，他们心里都很高兴。可是，小皇甫绩心里很难过，他想：我和哥哥们犯了一样的错误，耽误了功课。外公没有责罚我，这是心疼我。可是我自己不能放纵自己，也应该按照私塾的规矩，被重打二十大板。

于是，皇甫绩就找到表兄们，求他们代外公责打自己二十大板。表兄们一听，都"扑哧"一声笑了出来。皇甫绩一本正经地说："这是私塾里的规矩，我们都向外公保证过，违反规矩甘愿受罚，不然的话就是不遵守诺言。你们都按规矩受了罚，我也不能例外。我没有父亲教训，被外祖父抚育，如果不克制自己，自我勉励，怎能成人？"

表兄们都被皇甫绩这种信守学堂规矩、诚心改过的精神感动了。于是，他们拿出戒尺打了皇甫绩二十大板。

后来，皇甫绩在朝廷里做了大官，但是这种从小养成的信守诺言、勇于承认错误的品德一直没有丢失，这使得他在文武百官中享有很高的声望。

　　唐朝时候，中原地区很少能看到天鹅。回纥为了表示对大唐的友好态度，就送了一批宝贝给唐太宗，其中最稀罕的就是白天鹅。

　　回纥使者把大部分精力花在了白天鹅身上，一路之上，和天鹅同吃同睡同行，生怕有些闪失，会导致此次出访事倍功半。

　　一天，他们到了湖边，一直被关在笼子里的白天鹅一看见水，就来了精神，伸着脖子，张着嘴巴，可根本够不到湖水。使者见了，于心不忍，于是打开笼子，把天鹅带到湖边，让它美美地喝上了水。令人没想到的是，喝足了水的天鹅恢复了力气，一下子挣脱使者的控制，飞到了半空中。

　　使者急了，他心想，要是天鹅飞走了，不仅没法跟唐太宗交代，回国后也是失职啊。于是用尽全力往前一扑，差一点就成功了，结果只掉下几根鹅毛。使者愣住了。天鹅飞走了，这次出访恐怕会竹篮子打水一场空。最后，使者决定死马当活马医，继续向大唐首都长安前进。

使者把掉下来的鹅毛小心翼翼地包裹在绸缎里，并在里面写明事情经过。几个月之后，在长安的宫殿里，李世民知道此事前因后果之后，并没有怪罪回纥使者，反而因为他们讲究诚信，给予他们很多赏赐。

唐朝中期，科举考试中盛行推荐的风气，没有门路的考生很难被录用。当时有个书生叫李固言，他出身低微，为人忠厚老实，虽然自幼勤奋好学，才华出众，但是没有人举荐，颇不得志。经人介绍，李固言拜访了当时一个地位比较低的官员。这位官员说："我只是一个闲官，没有能力帮你，但是你的心意我记住了。"后来这位官员升为科举考试的主考官，他见李固言的文章不但文笔流畅，而且见解独到，就把李固言选为科举考试的状元。

李固言在朝廷做官后，仍然保持着自己诚实耿直的本性。一次，唐文宗让李固言宣读诏书，诏书内容是让降职的官员王堪去做太子的宾客，辅佐太子。可是李固言手捧诏书，站立不动。皇帝觉得很奇怪，就问他："爱卿还有什么事吗？"李固言说："臣以为此事有些不妥当。"皇帝很不高兴地说："有何不妥！事情已经决定了，你宣读诏书就是了。"李固言仍是不动，他想如实地说出自己的想法。但他本来就有些口吃，一着急，更是说不出话来。皇帝看李固言欲言又止的神情，生气地离开了朝堂。

李固言回去以后，写了一份奏折给皇上，大意是太子是未来的接班人，应该由贤能的大臣陪伴，被降职的大臣不适合做太子宾客。皇上看了，觉得李固言所言很有道理，就把王堪改任了。

还有一次，群臣议事，唐文宗突然问文武百官："我听说有些州县官员不称职，这事是真的吗？"众大臣不知皇上心里想的是什么，又怕得罪人，虽然知道确实有些州县官员不称职，但是没人敢说。因此朝堂之上，有的说没有，有的说这是谣传，有的则低头不说话。

这时，李固言站出来说："启禀圣上，臣得知确有此事，而且邓州刺史李堪、随州刺史郑襄尤其不称职。"

李堪是朝中大臣郑覃举荐的，他怕李堪的失职对自己不利，就马上站出来辩解："微臣了解李堪的为人，他管理的事情多，有些疏忽是难免的。"李固言还想说些什么，但是唐文宗把话题引开了，谈起别的事来。

其实，皇上又怎会不知道二位大臣的为人。他怕朝臣之间矛盾激化，于国不利，才没再追问下去。

李固言的诚实可靠深印在皇帝的脑子里，不久就被提拔，死后又被追赠为太尉。

娄师德荐才

　　娄师德，字宗仁，郑州原武人，武则天称帝时的宰相。一次，武则天单独召见娄师德，和他谈论政事。谈话中，武则天问娄师德有没有可以担任辅政的人才。娄师德听后，未多考虑，极力推荐了狄仁杰。武则天果然采纳了娄师德的意见，将狄仁杰从外地召回京城，和娄师德一起同任宰相。

　　狄仁杰并不知道正是由于娄师德的举荐自己才被提拔。相反，他倒是总记着过去和娄师德的一些过节。因此，他常常当着武则天的面数落娄师德。

　　时间长了，这引起了武则天的注意。一天，武则天在便殿和狄仁杰闲谈。闲谈中，武则天有意问狄仁杰："娄师德的品德好不好？"狄仁杰话中带刺地说道："他带兵守边时，有过战功，至于他的品德好还是不好，我不是很清楚。"武则天接着又问："他能发现和举荐出色的人才吗？"狄仁杰说："我和他在一起，没有这方面的感受，也不曾听说过。"听到这，武则天哈哈大笑，对狄仁杰说："你还不知吧，你能当上宰相，正是由于他的举荐！"接着又说："依我看，没有比娄师德做得更好的了。"随即找出娄师德的荐表，让狄仁杰看。事情出乎意料，狄仁杰感到十分惭愧，他感叹地说："娄师德的度量这么广阔，我却还一点也不知道，可见我比他差远了！"

从此，狄仁杰主动接近娄师德，很快两人的关系密切起来，齐心协力辅佐武则天管理国事。

李勉，字玄卿，唐代中期名臣。他自幼熟读经史，生性耿直，在官在野都为民所信服。

李勉年少客游外地时，曾与一书生借宿在河南商丘的一家旅店中。这个书生忽然得了重症，一病不起。他在临死前拿出一百两银子交给李勉，说："我家住在江西南昌，想不到在这里得病将死。请您拿着它为我料理后事，剩余的都送给您。"李勉应承下来，后事料理完毕后把剩余的银子一起随葬了。

事隔多年，李勉已经担任开封县尉。那个书生的兄弟来到商丘，打听出李勉曾经为书生主持过丧事，就特地前去拜访。李勉陪同书生的兄弟前往商丘墓地祭拜，并挖出剩余的银子全部交了给他。

唐德宗时，李勉担任吏部尚书，他不畏权贵，遇事敢言，特别注意维护朝廷礼仪。唐德宗非常宠幸奸臣卢杞。卢杞时任澧州刺史，遭到给事中袁高的弹劾。袁高认为卢杞奸邪败政，贬官尚不足以抵塞罪责。然而，唐德宗却不予理睬。一日，唐德宗对李勉说："大家都说卢杞奸邪，朕怎么不知道？爱卿你知道吗？"李勉回答：

"天下人都知道卢杞奸邪，唯独只有陛下不知道，这正是他之所以奸邪的原因！"这一句极佳的对答流传天下，因此人们都很佩服李勉的正直敢言。

　　唐德宗朝有个秀才，南剑州人，姓林名积，字善甫。林积极为聪慧，博闻强识，饱读诗书，九经三史，无不通晓；而且孝悌谦恭，耿直忠厚，颇受邻里盛赞。

　　他因为成绩优秀，被选入京师太学读书。求学期间母亲病重，他请假回家，在他的精心照料下，母亲的病很快就痊愈了。林积长舒了一口气。他想着在家里耽搁了不少日子，功课落下大半，得赶紧赶回太学。

　　就这样，虽然依依不舍，林积还是免不得暂别母亲，辞别亲戚邻里，带着跟班的小书童，挑着行李，一路匆忙赶往京师。路上饥餐渴饮，夜住晓行，无路登舟，终于来到蔡州。进了蔡州城，天色已晚，主仆二人找了家旅舍投宿。他们挑了一间宽洁的房子，安顿好行李，稍作休息。

　　林积躺在床上，翻来覆去睡不着，他总觉得有什么东西硌得背生疼。最后，林积翻身坐起，借着壁上烛光，揭起席子。他找到一个布囊，囊中还有一个锦囊，当中居然装着上百颗成色形状俱佳的东珠！这些东珠在当时是一笔不小的财富。林积知道，这一定是前一位客人一时不慎忘在这里的，现在当真不知道急成什么样子。不过这个时候，就算自己有心将失物归还，又到哪里寻人？于是就先将珠子收到书箱中。

第二天一早，天刚刚放亮，二人打点完毕，他吩咐小童拿好行李，自己则走出房来，问店掌柜："请问前天晚上是什么人在我那个房内住宿？"店掌柜回答道："哦，似乎是一个巨商。"林积心下明白，略一盘算，就对店家说："这是我的老友，我们相约见面，看来是错过去了。只是现在我有要事在身，不可能再等着我这朋友。店家烦劳你一件事，要是他回来寻我，就请告诉他，我在京师太学贯道斋等他。小可姓林名积，字善甫。千万！千万！不可误事！"说罢，付完房钱，拱手作揖作别。

小童在前面挑着行李什物，林积在后面走着，一路上还是放心不下，于是就沿途张贴告示。就这样一路不停，终于回到太学。

再说这东珠的主人，乃是富商张生。那天他一个不小心把珠子落在了客栈，竟然直到珠宝行要看货取钱时才发现珠子不见了，心中大惊，直觉三魂去了两魄，暗自叫苦不迭。再三回想，也不知失于何处，只得沿路找寻。直寻到林积所住的店，问店家时，店家说："我哪里知道你丢了什么东西。"张生又问："我住过之后，还有什么人在此房中休息？"店家猛然想起林积交代的话，忙说道："差点忘了！你住了以后，是有个读书的官人来住了一夜，第二天一早就起身离开了。临行时吩咐有人来找时，千万让他到京师太学贯道斋找林积。"张生一听，觉得言语蹊跷，虽然嘴上没说什么，但心下思量：会不会是这个人捡到了我的珠子？于是立刻离开了旅店，直奔京师，沿路看到贴着的告示，才略略放心。

张生赶到京师太学，看见林积，就要跪下行大礼。林积一见不禁慌了手脚，赶忙扶住张生，说："男儿膝下有黄金，这位兄台怎么毫无缘故就要拜我，这如何担当得起？"只见张生泪如雨下，哽咽得说不了话，过了好一会儿，才把这件事说清楚。林积听完知道可能是失主前来寻珠了，但也不敢大意，就说："不要慌，失物就在我那里。我且问你，里面有什么？"张生说："布囊中有锦囊，锦囊里有上好东珠百颗。"林积听完，放宽心，笑着说："就是这个了。"当即带着张生到他住的地方，取物交还。张生一见真的是自己丢失的珠子，感激涕零，他对林积说："就是它了，哎呀，真不敢相信，我竟能找回来！要不是兄台，我一家老小怕是只能潦倒街头了。我只要拿回一半，剩下的一半送给兄台作为谢礼。"林积道："这是哪里的话！我要是当真想要，还用沿路张贴告示，等着你来找？"二人如此数次推让，张生见林积再三不肯接受，就带走了全部珠子。他将一半的珠子卖了，给林积建了生祠供养，以报答还珠之恩。

韩郑氏鞠叔

　　唐朝韩会的妻子郑氏是昌黎先生韩愈的嫂嫂。韩愈刚满周岁的时候，父母就去世了，全靠郑氏将他抚养成人。天气冷了，郑氏给他添衣服；肚子饿了，郑氏给他吃东西，对他小心爱护，含辛茹苦。韩愈在很小的时候，跟随哥哥到泰州上任。后来哥哥遭到诽谤，被贬到韶州，因此忧虑而死。离故乡万里，孤儿寡母，到了这种凄凉的境地，郑氏感到万分无助。但是她振作精神，不辞艰辛，带着幼弱的儿子和韩愈，回到河阳安葬了丈夫。有一次，郑氏抚摩着自己的儿子，指着韩愈，流着眼泪，凄楚地说："韩家两代，只剩你们两个孤苦伶仃的叔侄了，以后你们要互相扶持，相依为命。"说到这里，眼泪像珠子一般地落下来，真有说不出的难过。

　　韩愈最终成为唐代著名的文学家、思想家，官居吏部侍郎，谥号"文"，又称韩文公，是"唐宋八大家"之一。韩愈有后来的这些成就，都是他嫂嫂的功劳。

王播，字明扬，唐朝宰相。他祖辈是山西太原人，后来全家搬迁到江苏扬州定居。王播出生后不久父母亲就先后去世了，家境贫困、爱好读书的王播便经常到当地一个名叫惠昭寺木兰院的僧房里借读。

惠昭寺有一个规定，那就是一日三餐的吃饭时间都固定在寺僧敲钟之后。由于吃饭的人多，这种做法不但无可厚非，倒显出该寺院管理方面的一些独到之处。王播自然也是随着那开饭的钟声，放下手中的书本来吃饭。但时隔不久，事情却变得离奇起来。

一天中午，正沉浸在读书乐趣中的王播，腹中响声不断。他知道自己早已饥肠辘辘，因为那天早晨由于身体不适，他吃得并不多。但令人奇怪的是，时至中午，寺院里居然还没有敲响开饭的钟声！

有什么办法呢？作为一个寄人篱下的读书人，他实在不好意思去主动问问今天到底怎么了，于是王播又沉浸到书中去了。他知道，只有把自己沉浸到书中学到更多的知识，才是使他脱离目前处境的最好办法。直到王播又把书卷温习了一轮后，才听到传来的钟声。

王播兴奋极了！他三步并作两步冲向饭堂。然而，饭堂的情景却使他如同在寒天里被人从头到脚猛泼了一桶冷水——透心凉。饭早就吃过了！他从食堂师傅的眼睛里看到了幸灾乐祸。刹那间，王播便全然明白了。他当即返回住处收拾行李，并在寺院墙壁上愤然题写了一首诗，然后头也不回地大步走了。

从此以后，王播发愤图强，决心一雪前耻。二十多年过后，在官场上颇为春风得意的王播恰好被派往江苏任军政长官。一天，他忽然想去当年借住过的寺院看看。闻知王大人要来，惠昭寺木兰院寺僧们手忙脚乱地把王播当年居住过的地方修葺一新，还将他当年愤然写下诗作的墙壁用上好的碧纱覆盖起来。

王播再次来到这座曾使他奋发蹈厉的寺院，百感交集。猛一抬头，他发现自己当年那首讽刺诗受到碧纱笼罩的优待，而自己当年却吃不上一顿顺心饭，不由得感慨万千！思潮翻滚的王播命人拿来笔墨，当即连衣袖都不卷就在原来诗作的后头续写起来，记录下他对先后不同遭遇的感慨。诗云："二十年前此院游，木兰花发院新修。而今再到经行处，树老无花僧白头。"写完此诗，意犹未尽，王播又题写了下面这首令他更为惆怅的诗作："上堂已了各西东，惭愧阇黎饭后钟。二十年来尘扑面，如今始得碧纱笼！"

写毕，他长叹一声，怅然离去。

郭子仪不得罪小人

郭子仪是唐朝名将，有勇有谋，英勇善战，功劳显赫。鱼朝恩，与郭子仪同朝的一位擅权宦官，深受唐肃宗信任，任内务总管。郭子仪与鱼朝恩都是朝中非常重要的人物，两人之间也发生过很多事情。

郭子仪在平定安史之乱的时候，皇帝担心他有谋逆之心，便派鱼朝恩前往当监军。此消息传到军中之后，将士们一个个都义愤填膺。鱼朝恩不懂兵法，他仗着皇帝的恩宠在军队当中胡乱指挥，使得当时已经收复的失地又重新沦陷。士兵们纷纷要求郭子仪将鱼朝恩处死，郭子仪却没有那样做。后来皇帝也意识到问题的严重性，才把鱼朝恩调回京城，将军队重新交还给郭子仪。

鱼朝恩回京之后，不但没有悔改之意，还向唐肃宗进谗言，将郭子仪的祖坟挖了。军队士兵听到这个消息之后，个个勃然大怒，要求起兵回京。郭子仪以平定叛乱为重，息事宁人。安史之乱平定之后，郭子仪率领军队回朝，朝中大臣个个为之鸣不平。

唐肃宗见到郭子仪后十分羞愧，但祖坟之事已无法挽回，他让郭子仪提条件，并答应尽量满足他。郭子仪则说，此次叛乱能够平定是皇帝的福气，是士兵英勇善战的结果。至于祖坟之事，不能责怪任何人，自己在外面打仗不知挖了多少百姓的祖坟，这是上天对自己的惩罚。文武百官听了之后都十分敬佩郭子仪宽广的胸襟。

当时有个叫卢杞的官员，天生貌丑，脸色像一张蓝纸，身材还很矮小，他特别在意别人的想法。

郭子仪晚年退休家居，享于声色。有一天，卢杞来拜访他，他正被一班家里所养的歌伎包围。一听到卢杞来了，马上命令所有女眷，包括歌伎，一律退到大会客室的屏风后面去，一个也不准出来见客。

他单独和卢杞谈了很久，等到客人走了，家眷们问他："你平日接见客人，都不避讳我们在场，为什么今天接见他却要这样慎重？"郭子仪说："你们不知道，卢杞这个人，很有才干，但他心胸狭窄，有仇必报。长相又不好看，半边脸是青的，好像庙里的鬼怪。你们女人们最爱笑，没有事也笑一笑。如果看见卢杞的半边青脸，一定会笑，而他就会记恨在心。一旦他得志，你们和我的儿孙，就没有一个活得成了！"

不久，卢杞果然做了宰相，凡是过去看不起他、得罪过他的人，一律被杀身抄家。只有郭子仪全家，他还是给予保全，对郭令公有知遇感恩之意。

唐代宰相裴度未做官时，因父母双亡、家境贫寒，寄居在山神庙中，生活毫无着落。附近白马寺的一位长老念他孤贫而且品性纯正、才华横溢，愿意供给他斋饭，他才不至于流落街头，三餐不继。裴度连续几次参加科举考试，都名落孙山，这样一来，他的日子就过得更加困顿。他常常穿着破旧不堪的衣衫，面带菜色，看起来很虚弱。附近一位会看面相的孙秋螯先生见到他就感慨地说："你这个人相貌奇特，如果做不了官，就会饿死。"裴度听了，满不在乎，一笑置之。

有一天，裴度读书读累了，穷极无聊，想去逛逛，就拿了一本书，跑到香山寺去。他悠闲地四处张望，一会儿看看宝殿佛像，一会儿看看进香拜佛的游客。就在这个时候，他无意中看到一个风尘仆仆的妇人，一身素衣，背个包裹进了佛殿。那妇人一脸愁容，神色恍惚，似乎满怀心事。裴度心生同情，不由自主地多看了两眼。只见那妇人把包裹往佛像旁边一放，眼泪不停地往下掉，她一边虔诚地低头跪拜，一边喃喃自语地祈祷起来。裴度心想，一定是她的家里发生了不幸的事，自己不便打扰人家，还是走吧。想到这，他默默地转身离开了。

裴度在殿前殿后转着念了几页书，不知不觉又走进殿中，那妇人已经不在了，奇怪的是包裹却还放在那里。裴度猜到肯定是妇人悲痛欲绝，一时疏忽忘记拿包裹了。他天生古道热肠，富于同情心，想也没想抓起包裹追了出去，可惜不见妇人的身影。

裴度心想妇人迟早会回头寻找包裹的，自己若不替她好好保管，说不定包裹会被别的香客捡去，就再也找不回来了。于是他就在殿门口找了个地方坐下，怀里抱着包裹，一边看书，一边等候。过了好一会儿，也不见妇人前来，他忍不住打开包裹，只见里面居然是两条宝带！裴度认得一条是玉带，一条是犀带，每条价值都在数千两银子以上。

裴度不为所动，只是感叹了一下宝带的精致，就重新把包裹系好，继续等待。眼见夜深了，仍然不见妇人的踪影。无可奈何，裴度只好把包袱带回住处。寺中的饭菜早已凉了，他胡乱地扒了几口冷饭，姑且充饥。想到那妇人肯定为丢失了包裹心急如焚、寝食难安，裴度也觉得心里不安，整夜辗转反侧。

第二天天一亮，他就匆匆忙忙带了包裹跑到香山寺去等。此时，佛寺刚刚开门，只见那个粗心大意的妇人急匆匆地往佛寺这边赶，一路上跌跌撞撞，差点摔倒。她一边哭一边在寺院周围徘徊，神情惊惶，悲痛欲绝。

裴度连忙上前询问，原来妇人的父亲遭奸人陷害，身陷牢狱，不久就要被处斩。她好不容易向父亲的朋友借来玉带和犀带，希望用这些财物打通关节，解救父亲出来。现在自己一时糊涂，跑来香山寺为父亲求福，却把东西弄丢了，只怕父亲是逃不过这场灾祸了。

裴度听完妇人哭诉之后，就把包裹拿出来，请妇人清点。那妇人喜出望外，哭着拜谢裴度，说："若不是恩公，民妇今日恐怕只有一死了。"裴度连忙回礼，说："不贪图他人钱财，正是我们该做的事。"

那个相面的孙秋銮再见到裴度时，立即翘着拇指说："年轻人，你积了阴德，将来必定位至三公。"后来，裴度果然位至三公，成了"身系唐朝三十年"的中兴名臣。

卢氏护姑冒白刃

卢氏，唐朝人郑义宗的妻子，幽州范阳人。她自幼深明礼义，嫁到义宗家后，对全家的长辈晚辈、上上下下都打点得十分周到，对义宗的母亲更是恪尽妇职。郑家的人没有不称赞新媳妇贤惠的。

一天夜里，忽然有几十个劫匪举着火把，拿着武器，翻墙进院，一时间人声嘈杂，来势凶猛。家里人都从睡梦中惊起，看到满院都是手帕包头、手里拿刀的彪形大汉，十分凶恶，不顾性命地往外跑，不多时全都跑光了。只有义宗的母亲年老体弱，行动缓慢，还没有出屋。卢氏担心劫匪伤害婆婆，冒死跑到婆婆房里，陪在她身边。匪徒到各屋翻箱倒柜地搜刮财物，还未尽兴，就闯到郑母房里，以刀棒相逼索取钱财。卢氏反抗道："家里大小事情由我掌管，我婆婆什么都不知道，何况你们想要的不过是钱财罢了，何必逼迫老人呢？"贼人听了不禁大怒，一时间刀棒交下，把她打得体无完肤，昏倒在地。恰好外边营救的人来了，众匪徒才散去。

劫匪离开之后，家人都回来了，问卢氏为什么不逃走。卢氏说："人与禽兽的不同之处，是人知道仁义。

平时邻里有什么急事，咱还要出手援助呢，更何况哪能把婆婆弃之不顾呢？要是万一遭遇不测，我还有什么脸面独自活在世上呢？"众人听了都叹服不已。婆婆也感动地说："人们都说'岁寒然后知松柏之后凋'，还说'路险知马力，事变见人心'。我现在更知道儿媳的贤惠和她的孝心了。"

曹彬仁爱

曹彬，字国华，真定灵寿人。北宋开国名将，在北宋统一战争中立下过汗马功劳。

北宋乾德二年（964）冬，宋太祖赵匡胤攻打蜀国，任命刘光毅为归州行营前军复部署，任命曹彬作归州行营监军。蜀地三峡一带郡县都被攻下，众将士想杀光全城人来显示他们的威武，唯有曹彬下令制止，因此所到之处无不心悦诚服。宋太祖听说后，下诏书褒奖曹彬。川蜀之地被攻破后，全斌等人夜以继日的聚宴畅饮，放纵部下对百姓烧杀抢夺，川蜀之地的百姓深受其苦。曹彬多次请求班师回朝，全斌等人不听。没过多久全师雄率领兵众十余万人作乱，曹彬又和刘光毅一起在新繁击败乱军，最后平定了川蜀之乱。那时战将多掠夺奴仆、女子和钱财，而曹彬囊中只有书籍、衣物。等到回师，宋太祖得知一切情况后，把全斌等人交付有关机构处置。而曹彬则因清廉谨严，被授予宣徽南院使、义成军节度使。曹彬入朝拜见皇帝，推辞说："此次伐蜀征战，各位将士都获罪，只我一个人得到奖赏，我担心对全军没有劝勉的作用。"宋太祖说："你立有大功，又不自夸功劳，如果你有一点小的过错，别人难道会不说吗？惩罚与奖赏是常有之事，你就不必推让了。”

后来，曹彬奉命征伐江南，他不忍生灵涂炭，装病不肯就任。同僚们纷纷去看望他，曹彬对将士们说：“我的病，绝不是吃药能够治愈的，只要你们诚心诚意的发誓，攻克江南之日，决不妄杀无辜，那么我的病就可痊愈了。”将士们听了曹彬的话，对天起誓，攻克江南之日果然不曾妄杀一人。

曹彬仁义谦敬，和气厚道，不仅体现在南征北战中，对地位卑微，乃至不相识的人，他都能做到设身处地，一视同仁。

曹彬在徐州为官时，有一吏员犯罪，本应处以杖刑，曹彬却在一年后才杖罚他，人们都不知道原因。曹彬说：“我听说此人新婚，如果马上杖罚，他的父母必然会迁怒于新妇，以后她在婆家也会难以生存。我把这件事缓行一步，不仅没有违背法律，而且有益人情。”人们听了以后，纷纷感叹曹彬的仁爱。

晏殊少时树声誉

晏殊，北宋宰相、词人。少时以诚实赢得了好的名声。十四岁时，有人把他作为神童举荐给皇帝。宋真宗在朝堂上召见了他，当时皇帝正好在亲自主持进士考试，就让晏殊和其他进士一同参加考试。晏殊看了看试题，就对真宗皇帝说："这个题目我在十天前就已经练习过了，我还保存着稿子呢，能不能换一个题目？"宋真宗非常赞赏晏殊的诚实品质，便赐他"同进士出身"。

后来晏殊在文馆就职，正值天下太平，宋真宗允许臣子们举行宴饮。于是上至达官贵人，下至普通小吏、文人都相互宴请，以至于街上的酒楼和路边的小店都成为众人游玩和休息的场所。晏殊当时很穷，不敢外出，独自在家中和堂弟一起读书。有一天，宋真宗要给太子选择老师，宫中忽然传来晏殊被任命的消息。传达政令的太监不知道出于什么原因，第二天去问皇上。宋真宗告诉他说："听说这些天来大臣们没有一个不通宵达旦相互宴请和玩闹的，唯独晏殊和他的兄弟在家中读书。像这样谨慎厚道的人，正可以当太子的老师。"

晏殊接到任命，到朝堂感谢皇恩。真宗当面告诉他被选为太子傅的原因。晏殊的回答非常质朴，他说："我其实也是个喜欢游玩饮宴的人，只是家贫而已。若我有钱，也早就参与宴游了。"真宗听了以后，更加喜欢他的诚实，特别器重他。仁宗继位后，晏殊继续得到重用，官至宰相。

涤亲溺器

黄庭坚是北宋诗人、词人、书法家，为江西诗派开山之祖。

黄庭坚自幼孝顺父母，勤奋好学，二十三岁时就考中了进士。

元祐年间，黄庭坚担任太史之职，公务十分繁忙。虽然家里也有仆人，他却不辞劳苦，亲自照顾母亲的饮食起居，从不懈怠。每天忙完公事回来，他一定会陪在母亲身边，亲力亲为地侍候母亲，事事力争让母亲欢喜满意。因为母亲有洁癖，受不了马桶的异味，所以他从小就每天亲自涤洗母亲使用的马桶，数十年如一日。

黄庭坚的做法曾引起了一些人的好奇和不解。有一次，有人问黄庭坚："您身为朝廷命官，又有那么多的仆人，为什么要亲自来做这些杂细的事务，甚至还亲手刷洗母亲的便桶？"黄庭坚回答说："孝顺父母是我的本分，同身份地位没有任何关系，这种事情怎能让仆人代劳呢？再说孝敬父母的事情，是出自一个人对父母至诚感恩的天性，又怎么会有高贵与卑贱的分别呢？"

母亲病危的时候，黄庭坚更是衣不解带，日夜侍奉

在病榻前，亲尝汤药，没有一刻不尽到人子的孝道。

　　黄庭坚至诚的孝心及中肯敦厚的品行，不仅体现在为官时一心报效朝廷，为百姓做事，而且也通过他的书法和文学上的成就，影响着后人。

诚信状元王拱辰

　　王拱辰，原名王拱寿，字君贶，今河南通许人。宋仁宗天圣八年（1030），他进士第一，得仁宗赐名"拱辰"。王拱辰自幼家境贫寒，幼年丧父，与母亲、兄弟四人相依为命。王拱辰孝顺母亲，生活俭朴，诚实守信，常受到街坊邻里的夸奖。他读书非常刻苦，经常天不亮就起床，半夜醒来也要翻一翻书。

　　天圣八年（1030），他到京城参加皇帝亲自主持的殿试。皇上认真审阅了每一位考生的考卷，他发现王拱辰的文章立论新颖，见解独到，文笔流畅，没有人比得上他，于是就把王拱辰定为状元。第三天，皇上把考中前三名的书生都召集到大殿上，早朝时当着文武百官的面宣布殿试结果。其他两个书生都赶紧跪下磕头谢恩，王拱辰不但没有谢恩，反而说："陛下，小生不配当状元，请把状元判给别人。"大殿上瞬时议论纷纷，从没听说谁把到手的状元往外推的，这真是天下奇闻。皇上听了也很纳闷，就询问原因。王拱辰说："陛下，十年寒窗苦读，我做梦都想中状元。可是这次考试的题目不久前我刚好做过，所以侥幸选上状元。如果我默不做声当上了状元，就是个不诚实的人。从小到大我都不善于说谎，我不能为了当状元，就违背了自己的天性。"

　　宋仁宗听后，反而更加赏识王拱辰。最终，王拱辰成为北宋王朝第三十八名状元。

刘廷式不负婚约

宋人刘廷式，原本是出身农家的孩子，隔壁老汉有一个女儿，早年与刘廷式订有婚约。不久，他进入太学，经过五年才考取进士。考取进士后，他回到家乡，寻找从前住在隔壁的那位老汉，结果发现，老汉早已去世，他的女儿也双目失明了，生活极其困苦。刘廷式派人去向他们申明从前的婚约，说想选择吉日良辰举行婚礼。女方家里极力推辞，说："我们家的姑娘已经配不上大人您了，大人还是另择佳偶吧。"他们宁愿继续为别人耕地糊口，也不敢与士大夫攀亲。

刘廷式坚决不同意，他说："我既然早与她订有婚约，哪里能因老人去世、女子病残就违背信诺，嫌弃不娶呢？"女方见他态度极其诚恳，心里既感动又敬服，于是将盲女嫁给了他。婚后，夫妻两人感情非常和睦，刘廷式对妻子事事照顾，体贴周到。

刘廷式调到高密去当官时，因事牵连，受到责罚。监司本来要赶他走，考虑到他对待妻子的德行便宽恕了他。后来妻子因病逝世，消息传来，刘廷式哀痛不已。

当时苏东坡在那里任太守，跑去安慰刘廷式："我听说悲哀是因为爱恋产生的，而爱恋往往又是由于美色引起的。你的爱恋从何而生呢？"

刘廷式正色答道："我只知道死去的是与我相伴数年的妻子，所哭的也只是妻子而已。如果因为美色而产生爱恋，因为爱恋而产生悲哀，当美色衰退时，爱恋也就自然断绝了，那我们孜孜以求，诚心信奉的情义怎么能存在呢？"

苏东坡听了，连连点头，对刘廷式的为人十分佩服，专门写了篇文章来赞美他。

张孝基还财

　　宋朝的时候，许昌有一个读书人，名叫张孝基。同乡一个名叫过善的有钱人见张孝基为人正直诚实，就把女儿许配给了他。

　　过善还有一个儿子名叫过迁，他品行不端，嫖赌俱全，挥霍钱财，败坏名声。过善用尽了办法，还是不能使过迁悔改，不得已，只得将过迁赶出家门，和他断绝了父子关系。

　　过善后来得了重病，张孝基和妻子尽心尽力照料他，给他请医生，买药熬药，可病情就是不见好转。有一天，过善把张孝基叫到床前，对他说："我虽然有万贯家财，可是儿子不争气，不得不另找一个财产继承人。我暗中观察你多年，你是一个靠谱之人，从此这个家就托付给你了。"于是，过善让管家拿出账本，一一讲给张孝基听。张孝基一一记下，答应一定帮他打理照顾好家中大小事情。过善去世后，张孝基遵照嘱咐，将家里的事情管理得井井有条。

　　多年以后，张孝基去城里办事，看见一个乞丐正跪在马路边要饭，他仔细一看，原来正是过迁。于是他走上前去问："你能浇灌菜园吗？"过迁答道："如果浇灌菜园能让我吃饱的话，我愿意。"于是张孝基就把他带回家，先让他饱餐了一顿，然后就让菜农教他灌溉菜园子。过迁早时富贵，被赶出家门后尝尽人间冷暖，现在有机会从头开始，他认真学习，不久就已经做得很好了。

张孝基不时去关心过迁，察觉到了他的转变，想交给他一些新的工作，就问："你愿意管理仓库吗？"过迁说："能够浇灌菜园子，我已经很满足了，这是我第一次靠自己的劳动吃饭。如果能让我管理仓库的话，我当然愿意。"

此后，过迁很认真地学习管理仓库，半年时间内从没出过任何差错。于是张孝基又教他管理账目，过迁不久也学会了。张孝基觉得过迁已经能够独立应对家里的一切事物了，就对他说："岳父临死的时候，托我帮他管理家里的田产、财物。现在你回来了，也学会独立做事了，我想我该把这个家还给你了。"

过迁接管了家里的事以后，不仅勤俭持家，还经常帮助村里的穷人，成为乡里乐善好施的大善人。

梨无主，心有主

许衡是元代杰出的政治家、教育家、天文学家、思想家，哲学家。

许衡曾经在盛夏时经过河阳，由于路途遥远，天气炎热，许衡十分口渴。路边有一棵梨树，大家都争先恐后地去摘梨吃，只有许衡独自端坐在树下，安然如常。有人问他："为什么不摘颗梨解渴呢？"许衡说："不是自己种的梨，却摘来吃，这样是不可取的。"那人说："现在时局混乱，管它是谁的。况且，这棵梨树可能已经没主人了，大家一路上不吃不喝，连命都要保不住了，你何必这样呢？"许衡说："世道乱，而我的心不乱。梨树没有主人，我的心难道也没有主人吗？别人的东西，不是自己的，即使一丝一毫，如果不合乎道义，也不能占有它。这是有教养的人应该做到的。庭院里有果树，当果子成熟掉落在地上时，小孩经过，也不斜着眼看。那正是他家人教育的结果。"

时局混乱，许衡仍然能够做到义不摘梨，这实在是一种难能可贵的境界。

明仁宗朱高炽是明成祖朱棣的长子，生性沉静温和，言行有度，爱好读书，深得明太祖朱元璋的喜爱。

话说在朱高炽被封为燕王世子那年冬天的一个早晨，朱元璋派秦、晋、周、燕四国世子前去各个宫门检阅军队。一炷香时间之后，秦、晋、周三国世子都已经回来向朱元璋汇报完情况，只有这位燕王世子迟迟未归。朱元璋心里非常不悦，他心想这位世子肯定偷懒了，办事能力太差。又过了半炷香的时间，朱高炽才匆忙赶回来，朱元璋气冲冲地问他："别的世子早已回禀，你为何拖拖拉拉的现在才回来？"朱高炽告诉皇帝："孙儿前去城门的时候，见那些士兵正在吃早饭，孙儿想如果现在检查必定耽误士兵们吃饭，检查完之后他们的早饭也就凉了。这么冷的天，孙儿不忍看他们吃冷饭冷菜，就等他们吃完后才开始检查，所以就回来晚了，还请爷爷见谅。"朱元璋听后，觉得这位孙儿体恤下属，有一颗仁爱之心，瞬间转怒为喜，心里更加喜爱朱高炽。

朱高炽喜欢读书，文笔十分出众，再加上写得一手好字，朱元璋就让他帮忙处理朝政、甄选奏章。这天，朱元璋在处理奏章的时候发现，连续好几天的奏章都是关于百姓生活疾苦、旱涝灾情的，心中不解，便问朱高炽为何总挑这种奏章上报。朱高炽告诉皇帝："禀皇爷爷，俗话说民以食为天，现在好多地方都有旱涝灾情，百姓们不得温饱，孙儿觉得这样的事情十分紧迫，所以就擅作主张，还请皇爷爷恕罪。"朱元璋听完之后觉得这位孙儿虽然生在皇家，没尝过苦头，却如此体恤民间疾苦，爱民如子，心中对他的喜爱又增加了许多。

朱高炽以仁爱留名于历史，这样一颗仁爱之心也帮助他顺利登基。永乐二十二年（1424），朱高炽登基，改年号为洪熙。登基之后，朱高炽首先赦免了建文帝的旧臣和一些遭连坐被流放到边境的官员及其家属，平反了众多冤狱，并规定以后对待犯人不得使用宫刑。朱高炽的一系列政策得到了百姓的爱戴和拥护，开创了一派盛世景象。

韩乐吾，名贞，号乐吾，兴化韩家窑人。明代哲学家、泰州学派的传人，一生勤学传教，乐善好施，留有许多传说故事，被誉为"东海贤人"。

有一年，发生大饥荒，很多人都没有饭吃。韩乐吾家里也只剩下两升米，顶多再维持两天就要断粮了。这时，韩乐吾听说他的一个朋友已经断粮三天，准备把自家的米分给朋友一半。妻子问他："你分一半给他，咱家明天怎么办？"韩乐吾说："咱家明天没粮，明天才开始挨饿。而他已经断粮三天了，说不定今天就要饿死了。"于是，韩乐吾把粮食分了一半给朋友。

在数九寒天、大雪纷飞的日子里，韩乐吾时常担心一些穷苦的人因断炊被饿死。但他既要忙于教学，又要顾及一家人的生活，没有多余的工夫去了解每一家的生活情况。后来，他终于想出了"望烟送粮"的办法。

每当煮饭的时候，韩乐吾就爬到自家的废窑顶，放眼四望，发现谁家烟囱里不冒烟，烟囱旁边积雪未化，他就据此判断这户人家缺草缺粮，然后，从家里背上一捆草，带上一瓢米，给这户人家送去。

韩乐吾用"望烟送粮"的办法，帮助了不少贫困家庭，也救了不少将被饿死的人。

朱渊，字大本，他家世代居住在中牟。他自幼聪慧过人，为人正直，举止大方，行事磊落。成人之后，朱渊刻苦读书，注重礼仪，崇尚俭朴，不事奢华，而且，他十分孝敬父母，尊重长辈。朱渊的岳母寡居家中，没有子嗣奉养，朱渊便经常在她床前尽孝，事之如亲生母亲，三十年如一日，深得乡人称赞。

明成化二十年（1484），中牟全年大旱，庄稼几乎绝收，百姓饥饿难耐，将树皮食尽，灾情严重的乡镇还出现了人吃人的惨景。朱渊心急如焚，于是将家里数百石粮食拿出来赈济灾民，救活了无数濒临死亡的乡亲，百姓感激涕零，称赞朱渊为"义士"。

而为了给县里的老人提供一个可以休闲歇息的安静场所，朱渊自己出钱，在中牟县城西的荒地上植树种花，建成了一个美丽宁静的花园，使得全县的老人有了闲游散心的地方。

正是朱渊的许多忠义之举，使他声名鹊起，连省城的台府衙门也知道了他的盛名。当时，河南巡抚李衍路过中牟，专程看望朱渊，并让有司赐官服给他，以示褒奖。

孙承恩誓死不欺君

孙承恩是常熟人，清顺治十五年（1658）状元。在状元名次确定的前一刻，还有一段小插曲。

原来，孙承恩的弟弟孙旸在顺治十四年（1657）的顺天府乡试中已被推举，后来因犯罪遭送戍边。顺治十五年（1658）殿试结果公布前一天晚上，顺治皇帝调阅孙承恩的案卷。只见卷中颂扬孙承恩的评语说："克宽克仁，止孝止慈。"顺治对这个评语很是称赞。拆开案卷看了籍贯，知道他是常熟人。顺治帝怀疑他与孙旸是一家人，于是派学士王熙赶快骑马出紫禁城到孙承恩的住处去核对。王熙与孙承恩是老朋友，所以就把来意明白地告诉了孙承恩，还告诫他说："今天你是升入青天还是沉入水底，全决定于你这一句话了。你说我回去怎么向皇帝奏明吧！"孙承恩思索了一会儿，感慨地说："人的祸福是命里注定的。我不能欺骗皇帝，不能不承认孙旸是我的弟弟。"王熙没有料到孙承恩会这么直率的承认，他为孙承恩的前途担忧。已经上马准备回宫了，他还回头对孙承恩说："你这样说可别后悔呀！"孙承恩大声地说："就是死我也不后悔！"王熙骑马回宫，顺治帝知道了孙承恩的回答后，赞赏他不欺君的品德。于是确定孙承恩为一甲第一名——状元。

　　蔡勉旃，清朝吴县人，为人坦诚，一向重信守诺，急公好义，对朋友推心置腹，赤诚以待，所以深受他人的信赖和爱戴。

　　有一次，他的一个朋友外出做生意挣了一大笔钱，回家途中，特地来看望蔡勉旃。两人许久未见，谈得十分投机。临别时，朋友突然想起，距离家的这一段路特别不安全，已经发生了好几桩丢失财物的案子。心想，自己匆匆赶回家，带着这么多现钱就上路了，也没来得及将钱换成通券。万一路上有点闪失，自己大半年的辛苦努力恐怕就要付诸东流了。朋友越想越不安，便对蔡勉旃说："蔡兄，我归家心切，一时粗心没有将钱换成通券，这心里实在忐忑不安，不如我将钱先存放在你这儿，有劳你先替我保管。日后我抽个空，过来换成通券后再取走。"蔡勉旃十分痛快地答应了："举手之劳，你不必太客气。"一边说，一边吩咐家里人去拿纸笔，写个字据留给朋友。朋友连忙笑着阻止："蔡兄的为人我还信不过吗，立字据反倒显得我小人之心，让你我的关系疏远了。"蔡勉旃见朋友坚持，加上他一向为人豪爽，便十分痛快地说："你这么信任我，这份心意我收下了。你尽管放心回家吧。"朋友寄存的银两足足有一千两之多呢。

　　可惜天有不测风云，朋友回家不久便身染重病而逝。蔡勉旃听闻噩耗，十分悲痛。想起朋友生前托付代管的大量金钱，便吩咐人去把朋友的儿子找来。等朋友的儿子到来后，蔡勉旃从储物室把钱拿出来交给他，所有的包裹都完好无缺地保持着原样。他告诉朋友的儿子："这是你父亲生前寄存在我这里的财物，现在物归原主。"朋友的儿子见了这么多钱惊得目瞪口呆，他有些迟疑地说："父亲生前并没有向我提起这件事啊，再说了，哪有存放这么多钱而不立字据的呢？伯伯，你是不是弄错了？"蔡勉旃笑笑："真正的字据是放在心里，而不是写在纸上的。你父亲相信我，知道我不齿于私吞他人的财物，所以没有讲给你听。"说完，蔡勉旃就让人把银两搬到马车上，请朋友的儿子运回去。朋友的儿子听后，心生敬佩，他十分感激地接收了这笔"意外之财"，逢人便讲述蔡勉旃在无人知道的情形下还坚决归还财物。

　　清代著名学者阮元的父亲阮湘圃，出身并不富裕，但诚实守信，洁身自好，以守义明礼称颂乡里。

　　有一天，阮湘圃要到乡学去取一份盼望已久的信函，那是京中的好友帮他联络到的可以继续进京学习的机会。阮湘圃起了个大早去县城，一路上他猜度着：事情到底进行得怎么样了，自己是不是很快就可以上路进京，这不只是一个难得的学习机会，更为重要的是马上就快科考了，要是这次能够有机会到京师去，那岂非省了不少力气？阮湘圃心中焦急，脚下加快，没过多久就来到了要进县城必经的渡口。这时候，阮湘圃才知道今天自己走得是多么快。往日，他会恰好赶上每天渡口的第一班渡船，可是今天，那船上的艄公还在优哉地收拾桨、舵、缆绳。阮湘圃也不禁为自己的心急感到好笑。他只好在渡口边走来走去，耐心地等待开船。

　　就在阮湘圃好似游戏一样在岸边的草丛里踢来踢去的时候，一个重重的东西绊住了他的脚。他非但没能把那个物件踢起来，反倒被撞得脚趾生疼生疼。阮湘圃俯身把浓密的杂草拨开，发现原来是个不小的包裹。他摸了摸，硬硬的，打开一看，原来里面有许多白银，还有一封公函。他立刻察觉到事态的严重。这时，渡船就要起锚了，可是阮湘圃决定在此等候。

时间一分一秒的悄悄溜走，阮湘圃看着渡口开往县城的船一艘一艘地起锚，一艘一艘地靠岸。眼见着最后一班渡船也起锚开走了，可是仍不见有人来寻找丢失的包裹。阮湘圃的心也像渐渐西沉的落日，一点点沉了下去。就在这时，他发现不远处来了一个人，那人在岸边寻觅了一会儿，好像很泄气的样子，接着，痴痴傻傻地盯着河水看了一会儿，就向河中走去，看样子想投水自杀。阮湘圃赶快奔过去，一把把那人拽了回来，问他怎么这么想不开。对方回答说，自己是个差役，本来是要送一封极为重要的信函到省城府衙的，由于一时不慎，丢掉了装有路费和信函的包裹。这样不仅连累了自己，还连累了上司。湘圃一听，赶快把包还给了他。那差役看着失而复得的包裹，不知怎么感谢阮湘圃，而阮湘圃不愿留下姓名，告辞回家了。